中学生黄金成长系列丛书

U0739643

阳光中学生要有

金口才

永 星◎著

能说会道的口才家

舌绽莲花的交际王

印刷工业出版社

图书在版编目（CIP）数据

阳光中学生要有金口才/永星编著．－北京：印刷工业出版社，2010.7
ISBN 978－7－80000－949－5

Ⅰ.阳… Ⅱ.永… Ⅲ.人际交往－青少年读物 Ⅳ.C912.1－49

中国版本图书馆CIP数据核字(2010)第116941号

阳光中学生要有金口才

编　　著：永　星

策　　划：籍艳秋
策划编辑：上官紫微　　　　　　　责任编辑：郭　平
责任印制：张利君　　　　　　　　责任设计：张　羽
出版发行：印刷工业出版社（北京市翠微路2号 邮编：100036）
网　　址：www.keyin.cn　　www.pprint.cn
网　　店：//shop36885379.taobao.com
经　　销：各地新华书店
印　　刷：北京通州丽源印刷厂

开　　本：787mm×1092mm　1/16
字　　数：180千字
印　　张：15.875
印　　次：2010年7月第1版　2010年7月第1次印刷
定　　价：24.00元
ＩＳＢＮ：978－7－80000－949－5

◆ 如发现印装质量问题请与我社发行部联系　发行部电话：010－88275707

总序

为青春洒一缕阳光

永星

阳光是伟大的，伟大得没有一丝狭隘和自私，总是慷慨地将她的光和热赐予世间的万事万物，却不求一丝一毫的回报；阳光也是平凡的，总是默默地在遥远的天际，以一颗悲悯、博爱的心，惠泽芸芸众生，以至于我们在心安理得地享用着她的关爱的同时，却常常忽略了她的存在。

把自己的每一缕光、每一份热、每一段情、每一个爱都及时奉献和给予你身边的每一寸土地、每一条河流、每一个人、每一件事，这是太阳的情怀，其实，也应该是做人的真谛。事实上，每个人都可以成为一颗太阳，都需要具备阳光般的素养——宽宏博爱，受人欢迎；热情慷慨，惠泽众生。而对于广大中学生而言，只有具备阳光般的心灵，生命才能充满温情，生活才能洋溢幸福。

处于青春期的中学生，每个人都渴望快乐成长，走向成功，为青春的旅程留下一段深刻的足迹。而青春岁月正是积累自我、为人生赢得资本的黄金季节。这就需要我们不荒废每一刻，努力充实自我，把自己打造成一个身心充满阳光、具有无限魅力的中学生。那么，究竟如何做，才能将阳光邀请到我们的生活中呢？

首先，阳光中学生要有棒心态。心态是一个人处世的基点。随着生活节奏的加快，社会的变革加剧，大多数人都在追逐着名利、成就，以致让心灵不堪负累，让心境变得浮躁，使心态变坏变糟。处于青春期的中学生也在生活、学业的压力下变得心灵浮躁。若缺少良好的心态，心灵就会被扭曲，思维就会被禁锢，考虑事情的角度便会出现偏激，甚至做出出格的言行举止。

阳光灿烂的笑脸来自阳光的心态。有了棒心态，明媚的阳光才会洒向生活的每个角落，才会浸润青春的每一阶段。本该神采飞扬、激情四射的中学生面对来自学习的压力，该怎样缓解？面对嫉妒、狭隘、猜疑、虚荣、自卑等负面的心理反应，该如何调节，才能走出心灵的泥淖？《阳光中学生要有棒心态》会为你指出一条走出心灵困境、拥有自信人生的途径，为你打开一扇心门。

其次，阳光中学生要有金口才。口才是一种比黄金还珍贵的才华。它不但是现代社会中一个人生存必备本领之一，也是你才华的外现，展露你心灵的一个窗口。随着社会的发展，人与人之间的沟通变得更频繁、更直接，对于口才的要求便会更高。

很难想象，一个笨口拙舌、说话脸红心跳、语无伦次的人，又如何能在激烈的竞争中脱颖而出，赢得成功。在校园生活中，如何化解尴尬？如何劝服他人？如何鼓励他人？如何感谢他人？如何向人求助？这一系列的现实生活、学习问题，哪一项离得开口才？又怎能离得开口才？《阳光中学生要有金口才》使用生动的语言、有趣的故事为你的口才"镀金"。

最后，阳光中学生要有好人缘。人缘是一种比富矿还富饶的宝藏。拥有一个好人缘，你便拥有了人世间最为珍贵的亲情、友情、爱情，所有的幸运都将降临到你身上，所有的幸福都将不期而至，所有的快乐都将充盈在你心间。

作为中学生，正处在成长阶段，由于知识、阅历、思维方式的局限，遇到棘手问题难免会感到无所适从，比如，与朋友闹了矛盾以后怎么办？朋友对自己缺少了信任怎么办？如何让你的人际圈越阔越宽？如何同那些对你有帮助的人交往？所有这一切难题，你是否有信心、有方法从容化解？读了《阳光中学生要有好人缘》，也许你就能够找到行之有效的解决方案。

青春是首歌，成就的是你和我。少年时代的我们是最容易吸收知识、积攒能力的时期，牢牢把握这段年少时光，打造棒心态、练就金口才、建立好人缘。如此一来，在青春之路上，你的笑容才会更甜美、阳光，你的人生才会更加自信、洒脱！

一 成长启迪：

严妍的话很有辩证力量，一句"我们无法改变自己的出生环境，但可以改变自己的心境"，消除了鲁晓阳怨天尤人的念头，鼓励她正视现实。随后，她提出了解决问题的方案：想要赢得别人的尊重，就要让自己变得更加优秀。严妍的话既分析了鲁晓阳苦恼的症结所在，又提出了解决之道，真是一语点醒梦中人。

智慧心语：

话说得好就会如实地达意，使听者感到舒适，发生美感，这样的说话，就成了艺术。

——朱光潜

克服羞怯，勇敢开口

正在读初中的郑春明是个性格有些内向、自卑的男孩。平时，他最害怕当众讲话，怕讲不好而丢人、出丑。不管是跟老师、同学交流，还是在课堂上回答问题，都会感到莫名其妙地紧张，脑海里时常一片空白，说起话来语无伦次。

慢慢地，郑春明患上了社交恐惧症，害怕与人交流的烦恼就像阴雨黑云一样时刻笼罩在他的心头，挥之不去。这不仅让他的心情十分糟糕，还严重影响了他学习的积极性，期末考试时他有多门功课挂了红灯。郑春明常常在心底骂自己不争气，也想努力改变自己，可是无论怎样努力，情况依然得不到改善。他无计可施，只好在语文老师上完一堂"口语交际"课后，向老师求助。

他把自己遇到的烦恼一五一十地告诉了老师，问道："老师，我遇到的这些问题是不是一种心理障碍呀，有没有什么好办法可以改变？我太痛苦了，您一定要帮帮我！"

语文老师沉吟了一下，告诉他说："老师很能理解你现在的心情。的确，和他人讲话心生胆怯、语无伦次是十分难堪的事情，这确实是一种口语交际的心理障碍，若不加以克服，会给你今后的生活带来不小的麻烦。不过，这并不是无法克服的难题，你这种情况是可以通过心理素质训练得到改善的。"

老师告诉郑春明，对陌生人讲话或当众发言时，可以先做几次深呼吸，使呼吸与心跳趋向正常。或者在登台之前，先对着镜子修饰一下自己的外表，然后自信地凝视自己的形象大声说几遍："我今天一定能成功！"然后精神焕发地准备上场。上台后也不要急于开口，扫视全场，待静场后再开始讲话。

诸如此类的小方法虽然看似简单，却往往能收到事半功倍的效果，值得大家一试。

畏惧、怯场是当众讲话者的普遍心理。古今中外著名的政治活动家、演说家、论辩家，初登讲台时并不是都能一举成功，甚至还有人出现过当众出丑、尴尬难堪的场面。心理学家指出，紧张和恐惧是与自我评价有关的情绪反应，是自我意识所造成的。

许多中学生都不同程度地存在这样的问题，当众讲话的第一步之所以难迈，主要是考虑自我过多，怕"我"丢人，怕"我"出丑。其实，我们不必过于看重结果，只要我们不过分担忧，不太在乎别人的看法，多给自己鼓励与良好的心理暗示，我们就能增强"自我"信心，消除胆怯、自卑等心理障碍。

智慧心语：

人生要勇敢一些，少一点害怕。什么是怕，字面理解就是白担心。所以，你害怕什么，你就应该去面对什么！

——易书波

把话说到点子上

孙明是个伶牙俐齿的中学生，平时跟同学在一起总是滔滔不绝，话特别多。可是，并没有人因此夸他口才好，他常常因话太多而招人烦，没有几个同学喜欢他。

比如，有一次班级里的张华获得了作文比赛一等奖，学校奖励了他一个笔记本。同学们都在向张华表示祝贺，孙明凑过去说："我邻居大哥在《萌芽》杂志举办的新概念作文里获得了三等奖，他可厉害了，我真羡慕他呀……"

平时同学们讨论问题时，他也会插嘴说上一大通不着边际的话，大家总是很厌烦地说："好了，好了，我们都知道你想说什么，能不能不说了。"

孙明非常崇拜那些能言善辩的人士，那些人靠口若悬河就赢得了大家的喜爱和尊敬。为什么自己这么能说，却总是让别人反感呢？他把自己的苦恼向陈老师倾诉了。

陈老师是学校"演讲辩论社"的辅导老师，听到孙明的苦恼后，他笑了："讲话不仅要有话可说，还要把话说到点子上。言之无物说得再多也只是废话，会惹人反感。好口才的标准是，不仅要敢于开口说话，还要言之有物，这样才能显示出你的语言修养。"

陈老师让孙明茅塞顿开。从此以后，孙明在与大家聊天时认真倾听，抓住话题，尽量发表一些精到的谈话。终于，他留给大家的印象慢慢好了起来。

在人际交往中，内容空乏、无实质性的谈话，会使人昏昏欲睡；缺乏形象性，没有重点的谈话，会让人过耳即忘；不生动的谈话，即使穿插了事例也会显得苍白无力。由此可见，平时我们与人交谈时，要想方设法让自己的话说到点子上，这样才能吸引大家的注意力，赢得大家的好感。

成长启迪！

智慧心语：

抓住人心的捷径，在于以对方最关心的问题为话题。

——卡耐基

说话要有主次之分

早读课过后，班主任对班长耿强说："班里最近开展的'争当自律小明星'活动开展得怎么样了？你抽时间到我办公室汇报一下。"

耿强答应了，在上午第三节课后的课间敲开了班主任办公室的门。班主任正在备课，见耿强来了，急忙放下了笔。

"老师，我现在向您汇报。刚才在我来您办公室时，语文课代表告诉我，最近她想在班里开展一个读书周活动，不知您觉得怎么样？"

"嗯，这个想法不错，我赞同。"

"是呀，我也觉得这点子很好。我刚才在来的路上考虑了一下实施方案：读书周活动准备在下周进行，也就是×月×日到×月×日。为了确保活动的成功开展，我想分三个阶段进行，第一个阶段是宣传发动阶段，这个阶段主要是解决同学们对开展这次活动的思想认识问题，让大家认识到读书的重要意义。宣传口号我都想好了，叫做'读书丰富生活，阅读改变人生'；第二个阶段是……"

耿强滔滔不绝，说得眉飞色舞，详细阐述了读书周活动的动机、实施细则，甚至连活动将如何取得同学们大力支持的结果也作了美好的展望。班主任眉宇紧锁，耐着性子把话听完后，说："你的想法很好，也很细，但你这次主要是来跟我汇报这个的吗？"

"不，老师，我主要是想向您汇报一下现在正在进行的'争当自律小明星'活动的开展情况。"

"好，我正关心这事呢，效果怎么样？班里发生了什么变化？"

"嘿嘿，就拿方港来说，他以前经常抄别人的作业，这您是知道的。现在受活动影响，他开始独立思考，自行完成作业了。"

"就这些吗？"老师又皱了下眉。

"还有……"耿强用手挠着头，在脑海里竭力搜寻还有哪些同学跟方港一样取得了明星的进步。

班主任显然对他的回答不满意，提示他："我想知道，通过这项活动，现在我们班整体风气发生了什么变化吗？"

"当然有变化了！"耿强的思路好像突然豁然开朗起来，"通过开展这次活动，同学们个个争当'自律小明星'，互相监督，各自改正自己的小毛病，现在在我们班乱扔果皮纸屑、自习课上乱发短信的现象绝迹了，课堂纪律也大大改观，同学之间的关系更融洽了。"班主任满意地点点头，说："这才是我最想知道的呀。"

成长启迪：

与人交谈与做事情一样，也要主次分明，有轻重缓急之分，这样沟通才能够顺畅进行。耿强在向班主任汇报班级工作时，就是犯了"主次不分，轻重颠倒"的毛病。

重要的内容可以做较为详细的介绍，与中心内容无关的部分蜻蜓点水轻轻带过即可。只有这样，才能在谈话时思路清晰，及时而高效地实现谈话的目的，跟老师汇报工作、与同学聊天时才会更加顺畅。

智慧心语：

每个人都可能诚实地说什么，但要说得有条不紊，明智又恰当，却没多少人能够做到。

——蒙田

用模仿练习口才

　　吴晓青的口才虽然谈不上高超，但她在班里也算是数一数二的，同学们都夸她"小演讲家"。如果你问吴晓青是如何练口才的，她会悄悄告诉你一个小秘诀：模仿。

　　这个小秘诀虽然简单，但是非常有用。每天早晨吴晓青上学走过小区旁的早市时，总会听到一个熟悉的吆喝声："花生奶——热豆奶喽——"摊主是一位中年妇女，她的吆喝虽然只有简短的几个字，但她喊起来却韵味悠长。她在吆喝时，会敞开洪亮的嗓门，有些张扬但很有节制地呼出长长的气流，吐字清晰且抑扬顿挫，声音很有穿透力。每次路过，吴晓青都会小声模仿着阿姨的"招牌吆喝"，练自己的吐字和气流。久而久之，她感觉自己在大声演讲时中气特别的足，对某些语句的演绎也比其他同学要自然、饱满。

　　晚上回家时，吴晓青还会刻意地针对"新闻联播"的播音员进行"专人模仿"，尤其是李瑞英。李瑞英的声音清越明快，自然生动，富有磁性，吴晓青跟她的音质有些相像，于是李瑞英便成了吴晓青重点模仿的对象。常常是李瑞英在前面说一句，吴晓青紧跟着说一句，边听边看边模仿，力求从吐字、声调、语气、语速、情感甚至表情都跟她一致。

　　通过长时间的模仿和揣摩，吴晓青讲的普通话比以前标准多了，吐字归音也特别有播音主持人的风范。校园广播室有招领启事、通知通报时，老师总会把吴晓青叫去。于是吴晓青成了大家都熟悉的"校园广播员"。

我们的人生之路就是从模仿开始的，从小咿呀学语、蹒跚学步，不都是"模仿"吗？练口才我们也可以采用模仿法。在生活中，有口才、可供你模仿的人很多，他们是几乎无处不在、又不需要你特别付学费的好老师，很多人的口才就是跟这些老师模仿来的。你不妨多模仿生活中那些口才好的人，这样你也能在慢慢的模仿过程中拥有自己的"好口才"。

智慧心语：

在中国，创新就是率先模仿。

——佚名

口才集训1
"镜头回放"练口才

平时我们在欣赏影视作品时，常常看到有精彩的画面被反复回放，用以渲染气氛、加深印象。镜头回放是常见的一种影视技巧，如果同学们在日常生活中也能适当地将自己的所见、所闻、所想、所感复述一遍，会对提升口才有较大帮助。这是一种简便易行的口才训练法，我们将其称为镜头回放训练法。

❋ 文字材料回放——读后就说

平时我们经常看书、读报或上网浏览新闻，如果遇到那些对自己触动很大的文字，可以合上书报或离开网页，用略快于平时说话的语速，连贯地"回放"一遍内容。吐字越清晰越好，说得越完整越好。

坚持不懈地使用这种方法训练，不仅可以很好地强化逻辑思维能力，还可以增强记忆能力，甚至可以提高语流、语速的掌控能力，可谓一举多得。

❋ 听觉材料回放——听后就说

大家在听新闻广播时，有没有想过这也是一种不错的口才训练机会？如果你走在校园的路上，听到广播里播放一条有趣的社会新闻，可以尝试着说给同学、父母听，哪怕是说给自己听也未尝不可。久而久之你会发现，这种有趣的训练方式对口语表达有很好的帮助，你的听力水平也会在潜移默化中跃升一个台阶。

❋ 追忆材料回放——想后就说

顾名思义，追忆材料就是回忆性描述，把过去经历过的事情用口头语

复述一遍，描述得如眼前正在发生的事一样。

同学们可以在一起闲聊时，针对某一话题回忆并复述自己的亲身亲历。比如在聊到足球时，你就可以将自己某次上场踢足球的切身感受或有趣的细节复述一下，注意语言的生动性和细节的真实性。

* 形象材料回放——看后就说

形象材料就是生活中现实存在的可观、可触、可感的具体事物，可以说无处不在。这为我们提供了异常丰富的训练"道具"，让我们的口语"回放"变得异常精彩起来。

心理学研究证明，人们在精力集中的情况下，一般在 1／10 秒钟内能注意 4～6 个不相关联的对象。如果我们能调动思维和嘴巴，对这些在视野内闪现的事物进行"镜头回放"，就可以很好地达到口语训练的目的。

在进行此类训练时，同学们要注意对客观事物进行生动传神的描述。首先对身边的事物作细致的观察，然后将自己对事物的客观反应与主观感受有机地融合，用口头语言生动、准确地进行描述。我们的口语此时就相当于一支高明的画笔，在栩栩如生地画出一个个生活画面。

"镜头回放"是一种简单并充满趣味的口才训练法。好口才源于积累，源于磨炼。无论是在课堂间隙、学习闲暇还是茶余饭后，只要坚持做下去，就能收到不错的练习效果。

口才集训2
表达口语化，上口又入耳

在口语交际过程中，"上口"、"入耳"是对语言的基本要求，"口语化"是表达的主要特点之一。然而有的同学在与人交流时，由于认知上的错误，过于追求"文雅"，出现了口头语言散文化、书面化的不良倾向。

那么，如何才能使口头语言"口语化"，做到讲者上口、听者入耳呢？

＊化单音词为双音词

单音词声音短促，不容易听清楚；双音词声音存在的时间相对较长，留给听者的印象就会较深。因此，在进行口语交流时，要尽可能地将单音词改成双音词，这样就符合了口语表达语言口语化的要求。

譬如，把谈话中出现的单音词"能"、"但"、"仍"、"恰"、"应"，改成双音词"能够"、"但是"、"仍然"、"恰好"、"应该"，这样既不会影响意思的完整表达，又能有利于听者的接受和理解。

＊化书面语言为口头语言

口语表达具有暂留性，口腔发出的声音稍纵即逝，听者若一句听不清就会影响对后面讲话的理解。如果在口语表达中掺杂一些不便于听或一般听众难以理解的书面语言，听众听起来会很吃力，那么口语表达就会产生负面的影响。

受群众欢迎的口头语言往往具有好听、易记的特点。尽量少用书面语，尤其忌讳夹杂文言文，否则听众会觉得谈话者不知所云，甚至认为谈话者是在卖弄学问。如遇上"今日""兴奋之至""欣喜异常""恰逢""可谓""在此""由衷"等书面色彩较浓的语言时，可改换成"今天""高兴地听到"等通俗易懂的口头语言，就能比较利于大家的理解和接受，从而达到口语

表达语言"上口""入耳"的要求。

* 化长句为短句

说话时如果句子过长，讲起来不但费劲，意思也不好把握，听者也会感到吃力。因此，要想使谈话时尽量"口语化"，就需要把修饰成分和连带成分多的长句改换成形体简短的短句。

* 化倒装句为正装句

倒装句具有强调某种成分的作用，是一种积极的修辞手法。但倒装句出现在口语表达里，却会令讲者别扭，听者不易把握意思，所以还是少用为妙。

以下句为例："……要想改掉自己的不良习惯并不难，甚至可以说是一件很容易的事情，如果你下定决心改变并付诸努力的话。"要想使这句话更加"口语化"，可对句子的结构加以调整："如果你下定决心改变并付诸努力的话，那么改掉自己的不良习惯并不难，甚至可以说是一件很容易的事情。"经过这样的改动，句子简单好懂多了。

口语表达与书面语表达不同，要做到"说者有其音，闻者即能知其意"。如果达不到这个条件，即使表达的主题再新颖、内容再精彩，也达不到预想的表达效果。想要拥有受人欢迎的口语魅力，需要在语言的"口语化"上多下一些功夫。

② 用智慧与人交谈

It takes skill to be real
（真心面对对方需要技巧）
time to heal each other
（治疗对方的心灵需要时间）

——《Change》

用"赞美"为话语"加糖"

在古典名著《红楼梦》中，王熙凤的口才给人留下了深刻的印象。她不仅八面玲珑，而且能说会道，说出的话能甜到人心里，也因此得到了贾母的宠爱。我们来看看她跟贾母的两次对话，看她是如何利用"赞美"为话语"加糖"的。

先说"林黛玉进贾府"这一回：

林黛玉因家庭变故，来到贾府生活。贾母是她的姥姥，所以她在贾府的地位比较高。听说黛玉要来，王熙凤赶忙过来表示。她"携着黛玉的手，上下细细打量了一回，仍送至贾母身边坐下"，说的第一句话就是："天下真有这样标致的人物，我今儿才算见了！况且这通身的气派，竟不像老祖宗的外孙女儿，竟是个嫡亲的孙女，怨不得老祖宗天天口头心头一时不忘。"

凤姐这番赞美的话，既让贾母高兴，又让林黛玉如沐春风，也让一旁贾母的孙女们心里甜丝丝的。

刚一开口她便直言赞美林黛玉"天下真有这样标致的人物，我今儿才算见了"，爱美是女人的天性，尤其是青春年少的女孩子林黛玉，经这么当众一夸赞，心里怎能不如蜜一般甜？接着凤姐夸她"竟不像老祖宗的外孙女儿，竟是个嫡亲的孙女"，这句话更是妙绝，意蕴无穷。她以"嫡亲的孙女"作比，既夸了黛玉天生丽质，更是夸赞了旁边的那些"嫡亲的孙女"，让贾母也很有面子，瞬间把现场气氛营造得非常和美。

再说"史湘云请贾母赏桂花"一出：

这天，史湘云瞅着园里的桂花要开了，便邀请大家到园中的藕香榭赏花吃蟹，史太君也受约而至。见着藕香榭，史太君忽然忆起往事来，说："我小时，家里也有这么一个亭子，我像你们这么大年纪时不小心掉进了池子里，差点淹死，好容易被救了上来，但头被木钉碰破了，如今这鬓角上那指头顶大的一块窝儿就是。众人都怕经了水，又怕冒了风，都说活不得了，谁知竟好了。"

凤姐立即接过话头，说："那时要活不得，如今这么大福可叫谁享呢？可知老祖宗从小福寿就不小，神差鬼使，碰出那个坑儿来，好盛福寿啊。寿星老儿头上原是个坑儿，因为万福万寿盛满了，所以倒凸出些来了。"

贾母落水招灾本是一件痛苦的事，但经凤姐借题发挥竟然被说成了幸事——她把贾母头上的那个坑跟寿星头上盛福寿的坑联系起来，而且说是"神差鬼使"地碰出来的，言外之意是贾母天赐福寿、富贵永存。凤姐的恭维话收到了良好的效果：贾母和众人都笑软了。

贾母笑道："这猴儿惯的不得了，只管拿我取笑起来，恨的我撕你那油嘴。"

成长启迪：

赞美是门艺术，技巧高妙的赞美不光能够在大家高兴时为现场气氛"锦上添花"，还能够在气氛不佳时缓解尴尬。如果言谈中的赞美之词像凤姐这样用得恰当、合理，就能够起到为话语加糖、让人心变甜的特殊功效。想想在现实生活中，如果我们遇到上述比较棘手的局面，能否像王熙凤那样，利用伶牙俐齿巧施赞美让大家的面容"多云转晴"？这个问题值得我们仔细思考和揣摩。

智慧心语：

能力会在指责呵斥下萎缩，会在赞扬鼓励下开花。

——卡耐基

婉转拒绝，给对方留个台阶下

在交际过程中，我们常常会遇到这种情况：对方向你提出某种请求，你心里确实难以答应，但又碍于情面，不方便直接拒绝。这时就需要采用一些巧妙而委婉的拒绝方式，既表达了自己的意愿，又不影响彼此之间的关系。下面，让我们从两位名人的故事中去领悟拒绝的"绝"窍。

第二次世界大战中，丘吉尔领导英国人民积极配合盟军，最终战胜了法西斯。因此在他战后退位时，英国国会拟通过提案，为他塑造一尊铜像，陈列在公园，使英国人民不忘他的卓著功勋。

丘吉尔听说之后，认为这样做不妥，于是表示了拒绝。他的拒绝非常巧妙，他说："多谢大家的好意，可是我不喜欢鸟儿在我的铜像头上拉粪，还是请大家高抬贵手吧！"

丘吉尔的拒绝很巧妙，理由也很有趣。他以开玩笑的方式委婉地拒绝——"我不喜欢鸟儿在我的铜像头上拉粪"，言外之意是：你们为表达崇敬而为我塑像，但我并不赞同这个提议。这种拒绝方式很有人情味，给人的感觉很舒服，比起直接回绝或说一通大道理效果要好得多。因此任何人听了丘吉尔的声明，都很难再坚持己见。

巧妙的拒绝能折射出一个人的道德素养。还有一个关于拒绝的故事，发生在美国前国务卿基辛格的身上。

一次，埃及总统安瓦尔·萨达特邀请基辛格吃饭，由于基辛格为"和平进程"忙于奔走，再加上工作进展速度缓慢，所以他的心情不是很好，不想参加这类宴会。但是拒绝的理由也不能实话实说——没胃口、吃不下——那多令对方下不了台呀！那么基辛格是如何拒绝的呢？

只听他说："十分感谢总统先生的盛情，不过最近我的胃已经被喜悦填得满满的。等有了空缺，再接受你的邀请也不迟。"

基辛格首先表明自己愿意接受的心情，接着再以幽默的语言说出遗憾，不说自己不愿参加，而是说自己的胃"已经被喜悦填得满满的"，使对方

听了这句话忍俊不禁，便不会再强人所难了。基辛格既达到了自己拒绝的目的，也没有让对方受窘，显示出了良好的语言素养和道德素养。

一成长启迪！

要想让对方在微笑中接受你的拒绝，就需要巧妙的语言技巧。首先，要顾及对方的自尊，给对方留个台阶下。其次，态度一定要真诚，语言一定要和缓，避免措辞不当伤人。另外，让对方明白你的处境，对你多一些宽容和谅解。

只要态度诚恳，语言得体，你的拒绝不仅不会影响自己跟对方的交情，还会为增进双方的了解，为接下来深入的交往打下良好的基础。

智慧心语：

在语言交际中要善于找到一种分寸，使之既直爽又不失礼，这是最难又是最好的。

——弗兰西斯·培根

注重说服过程与技巧

在大观园里，贾探春是一朵名副其实的"玫瑰花"，精明能干，有心机，能决断，连主事的王夫人与凤姐都让她几分。大家都说这位三小姐"又香又艳，只是有刺儿扎手，不好惹"。

探春"玫瑰花"的绰号是有缘由的，她不仅头脑灵活，口才也十分了得。

在《红楼梦》第五十六回里，王熙凤因病卧榻，探春便与李纨、宝钗临时"组阁"，组建大观园里的"管理部门"。"上任"不久，探春便对大观园兴利除弊，导演了一场"土地承包责任制"的好戏——

这天早上，平儿来到探春屋子，只见她正与李纨、宝钗议论近期发生在大观园里的"金融危机"，姑娘们用的头油脂粉、二两月银之类的事都成了她们探讨的重点。见平儿进来，探春便看似随意地问道："前些日子，我们去过赖大家，你看他那小园子比我们这个如何？"平儿笑道："还没有我们这一半大，树木花草也少多了。"

探春这样问是有目的的——她对在园内搞"土地承包责任制"有了成熟的想法，但又不好贸然推出，便借助议论"金融危机"的话题来提醒二位园内"严峻"的经济形势，恰巧平儿来到，她便征询平儿对赖大家小园子的看法，以问引题，目的在于把话题过渡到自己的真实意图上来。

平儿如实作答，答案正中探春下怀。她继续把话题往自己的真实意图上靠："我在和他们家的女孩儿闲聊时，才知道就那么个小园子还被人承包了，一年下来除了他们戴的花儿、吃的笋菜鱼虾之外，还有二百两银子的收入。从那天我才知道一个破荷叶、一根枯草根子，都是值钱的。"

宝钗听了就跟探春谈论起来；李纨不明就里，也插言进来。

面对平儿的回答，探春的话题没有停留在平儿所说的"园子大小"这

样的表面现象上来，而是借题发挥，以自己的所见所闻，向大家描述赖大家的园子"面积小，效益高"的事实。

探春赞赏赖大家的小园子竟有那么高的收益，与平儿关于赖大家的园子小、树木花草也很少的说法形成了鲜明对比，不露痕迹地勾起李纨和宝钗的兴趣，为接下来亮出真实意图做了准备。

探春顺着李纨和宝钗的话头取笑了一会儿，适时地把话题拉了回来："我们这个园子，只算比他们的多一半，加一倍算起来，一年就有四百两银子的利息。若派出两个一定的人来，既有许多值钱的东西，任人作践了，也似乎暴殄天物。不如在园子里的老妈妈中，挑选几个本分老诚能知园圃之事的，派她们收拾料理，也不要他们交租纳税，只问他们一年可以孝敬些什么。一则园子有专定之人修理，花木自会一年好似一年，也不用临时忙乱；二则也不致作践，白辜负了东西；三则老妈妈们也可借此小补，不枉年日在园中辛苦；四则亦可以省了花儿匠、山子匠、打扫人等的工费。将此有余，以补不足，未为不可。"

探春聪明机智，即使与自己的嫂子、姐姐笑闹，也"咬定主题不放松"，借助融洽的谈话氛围，说起了他们共同管理的大观园，一切显得那么自然而然，不露痕迹。探春在阐述"土地改革方案"时，也体现出了高超的说服技巧：

首先，她晓之以理，明示"一年就有四百两银子的利息"，两利相权取其重，"经济效益"如此吸引人，对李纨、宝钗而言，这样辉煌、实在的"政绩工程"谁不干？这样涉及"公共利益"的好事谁敢轻率否定？

其次，她从浪费的角度，做了个说明，"许多值钱之物，任人作践了，也似乎暴殄天物"。这么说，一来可以堵住二人说她"利欲熏心"的嘴；二来以"勤俭节约，开源节流"方式来应对园中的"金融危机"，顺应形势，更易使二位"班干"接受她的建议。

接下来，她亮出了她的核心观点，也就是"土地承包责任制"——"在园子里的老妈妈中，挑选几个本分老诚能知园圃之事的，派她们收拾料理。"

探春的方案简单易行，言语之间让人无可置辩。

最后，探春锦上添花，说出了她这个改革方案的四大好处：园子有了专人负责；可避免浪费；为老妈妈们创造了"捞外快"的"就业岗位"；能节省掉各项匠人的"工资"。如此"一石四鸟"的大好事，何乐而不为呢？

无怪乎探春的这个改革方案一经提出，"正在看壁上字画"的宝钗，点头笑道："善哉！'三年之内，无饥馑矣。'"李纨也赞不绝口地说："好主意！果然这么行，太太必喜欢。"

就这样，探春的"土地承包责任制"改革方案得到另两位管理者的一致通过，得以在大观园内顺利推行。

成长启迪：

生活中，同学们在说服别人时往往只停留在"说服"的结果上，穷尽辞藻想让对方改变看法，接受自己的意见，这似乎不是说服，而是在强迫。而探春很注重说服的过程，讲究策略和方式，一点游说的意思都没有。这样做，使听者易于接受。如此重大的决定，在探春精心设计下，轻而易举地得到了大家的同意。

智慧心语：

对一个心持反对意见者，讲话却有必要谦和而委婉。否则正像把盐撒入伤口，会使他已有的成见更深。

——弗兰西斯·培根

不动声色说好奉承话

小李在科室辛勤工作已经两年了，可是他还是一个普通职员。经过前辈的指点，小李恍然大悟：自己与经理沟通太少，应该多奉承他几句，好让他为自己升迁加薪开绿灯。经理掌握着这个部门里所有员工的升迁大权，如果小李想升迁，必须经过经理的同意．于是，他开始学着讨好经理。

"你这件西装可真好！我从来没有看到过这么好的西装！要是什么时候我也能穿上这么一件就好了！"有一天，小李盛赞经理的西装。

没想到，经理反倒因为小李这么长时间来没有注意到自己的西装有些不满："不是吧，这套西装已经买半年了，难道你没有注意吗？"

小李仍然不灰心，看见经理起身倒水喝，连忙笑着过去说："你亲自倒水啊，我帮你倒吧！"接着就给经理端过来了。经理满意地笑了，回答说："谢谢，我现在确实很忙啊！"小李高兴不已，心想这个方法还真管用，觉得应该按这个思路继续奉承到底。

下午在洗手间遇到了经理，小李满脸堆笑地说："你亲自上厕所啊，你现在挺忙的吧！"

"你这个人太有意思了，再忙连厕所都不能上吗？"经理给了小李一个大大的白眼。

小李的奉承话说得实在是不高明。会说奉承话的人能做到既奉承了人还让对方十分受用，听不出你话里奉承的意味。

会说奉承话且能不动声色地把话说到别人的心窝里，不仅有助于提升人缘、拉近与对方的关系，还会无形中为自己办事申请了"绿色通道"。

但是，奉承并不是一味地贬低自己，以此抬高别人。奉承人要自然，不能牵强附会，毫无理由地大肆赞赏对方，那会很容易被对方识穿，最终吃力不讨好，惹人厌烦。

成长启迪：

智慧心语：

要恭维一个人，一定要恭维得既不肉麻也不过分，而且正搔到对方的痒处，这样才算恭维到家。

——古龙

谈话不以自我为中心

很久很久以前，印度某个地区遭遇了严重的饥荒，大家都没有食物。一天，一位叫哈瓦迪的猎人经过几番激烈的搏斗，终于打倒了一头象。可那头大象实在太大了，凭哈瓦迪一个人的力气怎么也运不回去，只好回村里找乡亲们帮忙。

"乡亲们，我打了一头大象，非常庞大。请大家帮忙把它运回来吧！"

乡亲们听到后就争先恐后地上了山，帮哈瓦迪运起大象来。

"嘿哟嘿哟，运大象啦，我们的大象！"

乡亲们齐心协力运大象，叫起了号子，一遍遍地喊着"我们的大象"。哈瓦迪一听着急了，这怎么成了你们的大象呢？于是他大喊一声：

"什么？我们的大象？大象是我的，是我哈瓦迪的！"

不料，一直起劲的乡亲们突然把大象放了下来，垂头丧气地说："是啊，这分明是你的大象。那我们来凑什么热闹？"大家都退后三尺，袖手旁观起来。

"好哇，你们这些没良心的！你们不帮，我自己来。我为了捉它，差点儿把老命都搭上去了。"哈瓦迪气极了，拼命拉大象，可大象实在太大了，纹丝不动。刹那间，哈瓦迪突然醒悟了。

"啊，只有让他们也获利，我才能获利呀。而我却想一个人独吞，难怪乡亲们……"想到此，哈瓦迪大声喊道："对，是我们的大象，我们大家的！大家一起运吧！"

大家把大象当成共同财产，欢天喜地把它运了回来。靠着这头象，乡亲们熬过了饥荒。

人的心理是很奇妙的，说话时，说"我"和"我们"，给人的感觉却完全不同。"我们"能形成协助、合作的意识，"我"则没有这个效果。"我"字频率使用最高的人，也是不受欢迎的人。在开口说话时，我们要注意这样的细节，多说"我们"，用"我们"来做主语。善用"我们"来制造彼

此间的共同意识，对促进我们的人际关系将会有很大的帮助。

　　小孩子在做游戏时，常会说"我的"、"我要"等语，这是自我意识强烈的表现。自我意识强不强，在小孩子的世界里或许无关紧要，但我们长大后与人说话时仍然强调"我"、"我的"，就会给人自我意识太强的坏印象。

成长启迪！

　　在生活中，有些同学常常会犯"以自我为中心"的错误，自觉不自觉地将"我"字挂在嘴边，让人感觉他心中只有自己没有别人，这是一种很不好的语言表达习惯。

　　很多同学在说话时自始至终都离不开"我认为"、"我觉得"，既抢了同学的话题，又不顾他人感受地将自己的观点强加给别人。与人交谈时要有点"忘我"精神，学会怀着虚心与诚心从别人的角度来考虑问题、组织语言。

智慧心语：

　　无聊的人是把拳头往自己嘴里塞的人，也是"我"字的专卖者。

　　　　　　　　　　　　　　　　　　　　——亨利·福特

与人交谈不要揭短

朱元璋做了皇帝以后，一个从小与他玩大的苦朋友来找他，想沾沾光。

这个苦朋友见了朱元璋后说："我主万岁！当年微臣随驾扫荡庐州府，打破罐州城，汤元帅在逃，拿住豆将军，红孩儿当关，多亏某将军。"

朱元璋听后，心里十分高兴，就封他做了御林军总管。

另一位苦朋友听说此事以后，也想到朱元璋那里讨个一官半职。

他见了朱元璋，竹筒倒豆子似的说了起来："我主万岁！还记得吗？从前你我都替人家放牛，有一天我们在芦花丛里，把偷来的豆子放在瓦罐里煮，还没煮熟，大家便抢了起来，结果罐子打破了，撒了一地的豆子，汤泼在泥里。你只顾满地捡豆子吃，不小心把红草叶子送到嘴里。叶子哽在喉咙里，苦得厉害。幸亏我出了个主意，叫你把青菜叶子吞下去，才把红草叶子带到肚里去……"

朱元璋在大殿上听了这些不顾体面的话，不等说完就喊道："推出去斩了！"

一样的童年经历，不同的人讲述，有人升了官，有人掉了脑袋。当年的童稚故事，第一个苦朋友用词委婉，说得很体面，很讨朱元璋欢心；而第二个苦朋友不会用语，说得粗俗，在做了皇帝的朱元璋听起来，就是在讽刺他出身贫苦，在揭他的短，自然要被斩首。与人交谈，我们要学会委婉表达，千万不要触及他人心中痛处。

我们在与人进行沟通时，不能想说什么就说什么。朱元璋出身贫寒，却做了皇帝，他要的是与之相配的面子，生怕百姓因他出身低微而瞧不起他。他的穷朋友却恰恰忽视了这点，伤了他的自尊，丢了性命。

我们在说话时，应考虑对方的感受或反应，因人施语。生活中，有许多人恰恰不重视这一点，致使沟通时发生误解与摩擦。

智慧心语：

所有你所说的，都将被用来反对你自己。

——米兰·昆德拉

用幽默消除窘迫

美国自建国以来，已经产生了几十位总统，其中有不少总统不仅是杰出的军事家、政治家，还是著名的演讲家、辩论家，口才十分了得。我们撷取两段发生在美国前总统身上的几段精彩实例，看看他们是怎样用高超的语言技巧摆脱窘境的。

1797年，约翰·亚当斯竞选美国总统。他的竞争对手、共和党人为了将他打败，使用卑劣的手段炮制出了一些"桃色丑闻"，一时间与约翰·亚当斯有关的"桃色丑闻"四处泛滥。

在竞选辩论中，共和党人再次以此事为把柄，猛烈抨击约翰·亚当斯，指控他生活作风腐化堕落，曾派其竞选伙伴查尔斯·科茨沃恩·平克尼将军到英国挑选了四位美女做情妇，两位给了平克尼将军，两位给自己。一时间台下一片哗然。

面对竞选对手无中生有的诬告，约翰·亚当斯哈哈大笑道："我以我的人格担保，并郑重声明，假如这是真的话，那么平克尼将军一定是骗走了本该属于我的那两个，全部独吞了！"话音刚落，台下笑声、掌声四起。最终，约翰·亚当斯赢得了广大选民的心，战胜对手，当上了美国第二任总统。

同亚当斯一样，美国第三十八任总统福特也以辩才出名。

一次，福特去某城度假。返回时途经一个比较闻名的小镇，他在当地官员的盛情邀请下发表了演讲。演讲结束后不久，有一个身为反对派的女士不怀好意地问他："听说总统先生今天在我们这儿发表了演讲？"

福特谦虚地说："唉，这算不了什么，也没谈出什么道理。"

这位女士正想出福特的丑，便抓住话柄不留情面地讥讽道："不错，我觉得您的演讲实在是太糟糕了，我果然没有听出什么道理。"

福特这才明白这位反对派女士是在故意找自己麻烦，但考虑到自己刚度假归来，好心情不能就这样被破坏掉，便忍住怒火，温和地回敬道："当

然，夫人，这是因为道理从我嘴里出来，又从你的耳边飞走了。"这位反对派女士脸色窘迫，无言以对。

成长启迪：

面对竞选对手无中生有的诬告，约翰·亚当斯没有疾言厉色地进行反击，而是抓住对方的话柄，以幽默风趣的语言从容不迫地回击了对方。他既不失风度，又摆脱了困窘，向选民们展现了一个幽默、大度的自己，最终赢得了选民的心。

第二个故事中，那位反对派女士故意想让福特在众人面前难堪。面对带有挑衅性质的讥讽，福特出人意料地以幽默风趣的口气与之对话，巧妙地讽刺了她的听力，将这位女士反驳得哑口无言。

智慧心语：

幽默带来悟力和宽容，冷嘲则带来深刻而不友善的理解。
——阿格尼斯·雷普利尔

学会给病人吃"定心丸"

寒假过后开学，高一（9）班的徐刚没能如期返校上课。他的父亲打来电话说，徐刚在春节期间病倒了，现在正在住院治疗。

得知徐刚生病住院了，同班好友张翔非常担忧。一天下午放学后，张翔径直来到医院住院部探望徐刚。见好友前来探望，徐刚很是惊喜，赶忙拉过张翔的手，要他在床边坐下。

张翔关切地询问徐刚的病情。徐刚得的是黄疸型肝炎，住院一个多星期以来，他感觉自己的病情没有好转，对治疗产生了悲观情绪。听徐刚描述完自己的症状后，张翔忽然面带惊恐地说："哎呀，这可麻烦了！两个月前，我家一个邻居病故了，据说他最初查出的病情就跟你的症状很相似。"徐刚的心一下子沉了下去，他瞪大了眼睛问："真的吗？"

张翔一脸正色道："这种事可开不得玩笑。我爸爸认识这方面的专家，要不要我帮你联系一下？这个病耽误不得！"

徐刚一脸的恐慌，禁不住流下了眼泪。

相比张翔，薇薇的做法值得大家学习。

薇薇的姨妈因患胆囊疾病而在家休养。这天，薇薇和妈妈一起前去探望，刚进门不久，妈妈就满是爱怜地叫道："妹妹，你病得不轻啊，看你都瘦成什么模样了！"接着又一连串地询问："最近是不是总是失眠，也不想吃东西呀？是不是腹部疼得厉害？"姨妈点头称是，脸露忧郁之色。

薇薇看在眼里，觉得妈妈的话虽然说得合情理，但有些不妥，赶紧接过话头说："姨妈你放心，我来之前上网查了，胆囊炎正常的病症都是这样，配合医生，还是比较容易治疗的。"

薇薇用语不多，却似一剂灵丹妙药，让姨妈的情绪很快稳定了下来，心里也释然了许多。

成长启迪！

探望病人本应多说开解的话，缓解病人的心理压力。张翔不但没有这样做，还引导徐刚往坏处想，使本就因疾病痊愈缓慢而焦虑的徐刚心态更差，不利于康复。

生活中，同学们免不了会遇到因同学或亲友生病而去探望的情况。探望病人时，言语稍有不慎，就有可能会触动患者脆弱的神经，为其病情雪上加霜。因此加强自己的语言修养就显得十分必要了。薇薇的做法值得大家借鉴，她轻描淡写地谈论姨妈的病情，减轻了姨妈的心理负担，不仅拉近了人与人之间的关系，还稳定了病人情绪，达到了探视的目的。

智慧心语：

说话不在多，在于说得对，说中了事和理的要害，能打动听者的心。

——谢觉哉

口才集训
用寒暄打破僵局

寒暄就是人与人见面时礼仪性的应酬话。在与他人见面之时，若能选用适当的寒暄语，会帮你打破僵局，为双方进一步的交谈做好铺垫。

寒暄没有固定的格式，但也并非无规律可循。在人际交往中进行有效的寒暄可以采取以下几种方式：

✽ 问候式

无论是与熟人还是陌生人见面，你若想打开彼此的"话匣子"，可根据具体的时间、地点、场合，针对不同的人，相应采取不同的问候。

在具体时间下的问候，譬如早晨时，一般可说"早上好"；在不同的地点，如校园，见到邻班同学时可说："你们上节课讲的是什么？"或者"你的作业写了吗？"；在不同的场合，如在同学家做客，见到同学为你介绍其他新朋友，你就可以说："很高兴能认识你"或者"认识你非常荣幸"等。

寒暄语要运用得妥帖、自然、真诚，才能为彼此的交谈奠定融洽的气氛。寒暄时不要过于程式化，比如两人初次见面，一个说："久闻大名，如雷贯耳，今日得见，三生有幸。"另一个则道："岂敢，岂敢！"搞得像演出古装戏一样，显得做作而生硬，让人感觉很滑稽。同样意思要想表述得自然一些，可以这样说："早听说过您的大名"、"某某某人经常跟我谈起您"等。

✽ 言他式

言他式也是一种常用的寒暄方式，就是从关联性不强的事物入题，引出话题。与陌生人见面，一时难以找到话题，就会说类似："今天天气真冷呀"、"这家书店可真大啊"或者"今天来打水的同学可真多呀"之类的话，打破尴尬的局面。

寒暄要主动。在人际交往中，一方的积极主动行为会引起另一方相应的积极主动行为，而且积极主动是一种自信友好的体现，能快速获得对方的好感。因此，在相遇的瞬间，双方都应争取主动，体现各自的善意与友好，让对方从你的寒暄中能迅速感受到你对他的尊重，留下良好的印象。

＊夸赞式

人人都需要别人的肯定和承认，期盼得到真诚的赞美，所以与人寒暄时，若能嘴"甜"一些，容易被人接受和喜欢。

当看到同学穿了一条新裙子，见面时就可以用赞美的口气说："你今天穿的裙子，真时髦。"同学刚从新华书店买书出来，寒暄时你就可以说："看这么有品味的书，你情趣真是高雅呀"等。

寒暄要灵活。比如对方在辩论台上刚刚下来，愁眉苦脸的，你见面后就不能自以为是地说："怎么样，把对方批驳得落花流水了吧？"你可以换一种寒暄方式："看你表情就知道你在辩论场上投入的精力可不少"。听到这样寒暄，对方自然会向你打开"话匣子"，一五一十地说起他在辩场上的情况。

＊攀认式

在人际交往中，只要彼此留意，就不难发现双方有着这样那样的"亲"、"友"关系，如"同乡"、"校友"等。初次交谈时，如果能与对方寒暄攀认某种关系，就会让彼此产生一见如故的感觉，从而制造出发展友谊的契机。

比如，"我家以前就住在××小区，要是不搬出来，我们还算得上邻居呢"、"我姥姥家也在济南，我们可算得上同乡啦"、"我小学也是在七实验读的，我们俩是校友"等。

＊认定式

这种寒暄方式是指在具体场合中，交际一方对另一方的行为所做的一种主观认定。这种认定可以是一种猜测，也可以是一种疑问。比如，"去阅览室啊，怎么去得这么早"、"你刚从足球场回来吧，看你一脑门子汗"等。

③ 三言兩语打开对方心扉

有多久我们没有约好
喝一杯热latte
又有多少心事侵略
让一切显得乏味
我们都需要找个对象
当听众和慰藉
说话可以是种发泄
也可以互相了解

——柯以敏《聊天》

说话时要注意措辞

阮籍有一次上早朝时，忽然听见侍者前来报告："有人杀死了母亲！"

阮籍素来放荡不羁，随口说道："杀父亲也就罢了，怎么能杀母亲呢？"此言一出，满朝文武大哗，认为他"抵牾孝道"。

阮籍也意识到自己措辞不当，连连解释说："我的意思是说，禽兽知其母而不知其父。杀父就如同禽兽一般；杀母呢，就连禽兽也不如了。"一席话说得面面俱到，众人无可辩驳，阮籍也消除了众怒，免去了灾祸。

阮籍措辞不当险些招祸上身，幸亏他聪明机敏为自己打了圆场。说话虽然不是写文章，不可能字字斟酌，但我们在与人交谈时也不能信口开河，防止被人误解。

成长启迪：

　　阮籍在愤怒之余，口不择言，差点惹众怒。如果不是他巧妙为自己解围，真想不到会有什么严重后果在等着他。

　　说话措辞不当，话语没有分寸，不但会给别人带来伤害，还会给自己带来麻烦。同学们平时说话一定要倍加注意措辞问题，尤其是在批评或劝慰别人的时候。

智慧心语：

大勇若怯，大智若愚。

——苏轼

"先行自责" 说服他人

　　心理学家卡耐基常常带他的小波士顿斗牛犬雷斯到公园散步。雷斯是一只友善的小猎狗，从来不会伤人。因为在公园里很少碰到行人，卡耐基常常不给雷斯系狗链或戴口罩。

　　有一天，卡耐基和他的小狗在公园遇见一位骑马的警察，他好像迫不及待地要表现他的权威："你为什么让你的狗跑来跑去，不给它系上链子或戴上口罩？"他申斥卡耐基，"难道你不知道这是违法的吗？"

　　"是的，我知道，"卡耐基回答，"不过我认为它不会在这儿咬人。"

　　"你不认为！法律是不管你怎么认为的。它可能在这里咬死松鼠，或咬伤小孩子。这次我不追究，但假如下回我在公园里再看到这只狗没有系上链子或套上口罩，你就必须去跟法官解释啦！"

　　卡耐基客客气气地答应遵办。可是雷斯不喜欢戴口罩，卡耐基也不喜欢它那样。一天下午，他们在一座小山坡上赛跑，突然又碰到了一位警察。卡耐基决定不等警察开口就先发制人。他说："警官先生，这下你当场逮到我了，我有罪。我没有托词，没有借口了。上星期有警察警告过我，若是再带小狗出来而不给它戴口罩就要罚我。"

　　"好说，好说，"警察回答，"我知道在没有人的时候，谁都忍不住要带这么一条小狗出来玩玩。"

　　"的确是忍不住，"卡耐基回答，"但这是违法的。"

　　"像这样的小狗大概不会咬伤别人吧！"警察反而为他开脱。

　　"不，它可能会咬死松鼠。"卡耐基说。

　　"你大概把事情看得太严重了，"警察告诉卡耐基，"我们这么办吧，你只要让它跑过小山，到我看不到的地方——事情就算了。"

在与人交谈时先行自责，会给对方留下尊重他人的印象。这无疑是双方见面时一个好的开场白，让对方对你有一个良好的印象。在接下来的对话过程中，会减少许多障碍。

因为对方感觉受到了你的尊重，他们往往也不会太为难你，对你一些较为"出格"的行为也会持忍让的态度。如果一上来你就咄咄逼人地与对方开始唇枪舌战，对方又怎会对你做出充满人情味的照顾呢？

智慧心语：

你永远不会因为认错而导致麻烦。因为只有如此才能平息争论，诱使对方也能同你一样公正宽大，甚至也承认他或许错了。

——卡耐基

遇物加钱，逢人减岁

寒假周末，某中学的高宇和狄锋一起去逛街。两人乘车来到商贸城，正巧在门口遇到邻班的同学何晓锋拎着一个大袋子出来。他们虽然不在一个班里，但课间经常在一起打篮球，彼此熟识。

高宇看见何晓锋喜气洋洋的，就问："今天看你心情肯定不错？"

何晓锋兴高采烈地说："哈哈，今天妈妈给我买了一双运动鞋，我非常满意。"说着，便掏出袋子里的运动鞋向两人炫耀。高宇饶有兴致地拿在手里端详，边看边啧啧称赞："这双鞋还真不错，正适合打篮球。"

"是呀，我早就相中这双鞋了，昨天妈妈刚开了工资，今天就带我来买了。你们猜这双鞋多少钱？"何晓锋自豪地说。

"我看，这双鞋差不多要两百块钱吧，"高宇说，"像这种运动鞋，现在卖得都很贵。"

"我看不值两百，"一直站在一旁的狄锋撇了撇嘴说，"商贸城里的许多商品都是低档货，依我看，这双鞋也就几十块钱，你要是花超过一百块，你可就是冤大头喽。"

他话音刚落，何晓锋的脸色就沉了下来，像被当头浇了一盆冷水一样："这双鞋人家要价一百八十块，我妈妈费了好多口舌砍价，最后一百四十块买下的。"

"哎呀，一百四十块呀，太贵了，我看不值！"狄锋依然抱着他的观点不放。

何晓锋瞅了他一眼，不再理他。

这时，何晓锋的妈妈走过来，何晓锋连忙向高宇和狄锋介绍自己的母亲。高宇立刻甜甜地叫了声："阿姨好！"狄锋掩饰不住自己的惊讶："阿姨是在市印刷厂工作吧，看样子您快退休了吧？"

"退休？"何妈妈脸上的笑容忽然减去了不少，显得很尴尬。由于她长期在车间工作，看上去比较苍老。她的脸上难以掩饰沮丧，说："我今

年41岁了，离退休年龄还早着呢，你是不是看我像50岁了？"

狄锋刚想说"是的"，但话还没出口，就被高宇抢过了话头："阿姨跟我妈妈同岁，但看上去比我妈妈年轻多了。"

"你这孩子真会说话。"何晓锋妈妈欣慰地夸赞高宇道。何晓锋却心里十分不爽，狠狠地瞪了狄锋一眼。

为缓解尴尬，何晓锋妈妈笑吟吟地邀请他们："你们下午要是有时间的话一起去我家做客吧。"接着又补充一句："高宇，你有时间经常找我们晓锋一起玩呀。"说罢，何家母子乘上公交车走了。

狄锋心里很不是滋味，苦恼地说："这回我算是得罪何晓锋了，你说我这张臭嘴，就是把不住门。实话实说难道有错吗？"

成长启迪！

中国有句俗话，"遇物加钱，逢人减岁"。这一加一减是言语交际中针对人们的普遍心理，采用的两种投其所好、讨人喜欢的说话技巧。加减之中，体现的是一种语言智慧，不能乱用，用得不恰当就会遭人厌烦。

"遇物加钱"，是指在品评别人所购物品时，对其价格故意高估，从而使对方高兴。

"逢人减岁"，是把对方的年龄尽量往小处说，从而使对方觉得自身显得年轻，产生一种心理上的满足感。对你产生好感，喜欢和你交识。

智慧心语：

息事宁人的谎言，胜过搬弄是非的真话。

——萨迪

别让你的舌头成刀子

周末，是初二（3）班周晓雅同学的 14 岁生日，晓雅邀请了几位同学到家里参加她的生日 Party。

下午五点刚到，晓雅家的门铃就响了。五六个同学笑吟吟地进了门，走在前面的是在班上素有"大炮"之称的何魁。何魁篮球打得很棒，人品不错，可就是不太会说话，常因出言不慎而惹人反感。本来请不请何魁参加自己的生日晚会，晓雅曾经犹豫过，但一想他是自己的邻桌，碍于面子便通知了他。

"你家真难找，怎么住在这鸟不生蛋的地方？"何魁一边把蛋糕放到桌上，一边大声发牢骚道。晓雅知道他向来说话这么随便，便没跟他计较。一直在厨房里忙碌的晓雅妈妈想必也听到了何魁的这声"感叹"，便腾出时间出来跟同学们打招呼。晓雅妈妈一边招呼大家坐下，一边客气地说："我们家小了点，人一多就挤了些……"

"是呀，你家也太小了，人一多连落脚的地方都没有，住着多闷啊。"何魁接过话茬说，"再说这房子太破旧了，也该换掉了。我们丽景花园的房子就不错，价格不贵，一套才十几万，你们家攒钱留着干什么……"

何魁像连珠炮似的一席话，说得晓雅妈妈的脸一片窘迫，热情的微笑也慢慢凝固在了脸上。原来，这几年晓雅的爸爸妈妈一直下岗在家，靠经营拉面馆维持生计，再说晓雅的奶奶体弱多病，哪有钱换房子？倒是同来的许洋洋听不惯了，小声提醒道："何魁，你说话别那么'豪爽'好不好，我们这是来人家家里做客呢。"何魁咽了口唾沫，表示接受。

不一会儿，饭菜陆续被晓雅妈妈从厨房端出来。何魁陶醉地闻了闻，趁晓雅妈妈转身的间隙，说："我看鸡鱼肉蛋都有了，再来一盘海鲜就得了，菜不在多而在'精'嘛。"

话一出口，晓雅和晓雅妈妈的脸色便有些难看，但晓雅妈妈还是笑着说："哟，我今天还真没准备海鲜，既然这样，我打电话给晓雅她爸，让

他从市场买些回来好不好？"

"不了，不了！"何魁有些懊恼地说："我这才知道晓雅怎么长得这么瘦，原来是你们不注重营养搭配啊，你看人家许洋洋，快赶上相扑运动员了，就是因为……"

"说什么呀你？"晓雅和许洋洋立即把筷子拍在桌上，满脸怒容，晓雅妈妈也脸色阴沉。

好端端的一场生日 Party，就这样被何魁破坏了气氛。

成长启迪：

说话的内容和方式千差万别，不同的人有不同的说话习惯，说话之前，应对自己所要说的话稍作思考，这样才能更好地做到对对方的尊重。这里所说的思考有两层意思，一是对自己有个思考，即对自己的性格、脾气、心境有个正确的估计，自己在什么状态下容易说出什么样的话，应在心中设置一个自我"警戒线"；二是要对对方有个思考，即要对对方的个性、喜好、家庭背景有个大致的了解，不能想到什么就说什么，"哪壶不开提哪壶"。

智慧心语：

如果你的舌头变成刀子，就会割破你的嘴唇。

——西方谚语

不要乱发牢骚

　　周二下午，全校按惯例进行卫生大扫除。高一（7）班的劳动委员王丽媛安排刘鹏飞、冯颂和徐洪生三人负责擦窗户。窗户因为靠近操场，看上去比较脏。刘鹏飞越擦越觉得不满，便发牢骚道："这王丽媛也太不像话了吧，我们都连续擦了三次窗户了，怎么又把这'脏、累、差'的活儿安排给我们了？"听到这里，本来正干得起劲的冯颂和徐洪生也酸溜溜地说："唉，谁叫我们是后进生呢，姥姥不疼舅舅不爱，命苦啊！"

　　"哼！王丽媛仗着自己是劳动委员就拿我们不当回事，老是让我们干这又脏又累的活不是存心跟我们过不去吗？"刘鹏飞越说越来气，索性从窗台上跳下来，将抹布狠狠地掷到地上，说："我看她是觉得我们好欺负，故意跟我们过不去！"徐洪生也发牢骚道："我看也是，她王丽媛是吃柿子的，专拣软的捏，我看今天我们三个不妨吃一回核桃，专拣硬的敲！""我同意！鲁迅他老人家说过，'不在沉默中爆发，就在沉默中灭亡'，我们不能再这样被欺负下去了！"说罢冯颂也将抹布扔掉，跳了下来。

　　这时，王丽媛走过来，说："哟，三位今天活还没干一半怎么这么快就休息了？一会儿就要来检查了，抓紧干，要不我们的卫生流动红旗就要拱手让人了。"

　　"哼，我们干得再多，到头来受到表扬的还不是你劳动委员？"刘鹏飞示威似的一脚将凳子踢倒，恶狠狠地说，"我最讨厌踩着别人肩膀摘果子自己吃的人了！"

　　"王丽媛，我们哪里得罪你了，你一而再、再而三地跟我们过不去，老是把又脏又累的活给我们？我们倒成了这三扇窗户的承包户了！"冯颂和徐洪生的满腹牢骚也找到了出口。

　　这个任务是重了些，但正是因为如此，才将活分派给了他们三个——他们三人身材魁梧，最适合干这个活儿。他们三人你一句我一嘴，痛快淋漓地发泄着自己的牢骚与不满，王丽媛根本无法插嘴解释。最后实在受不

了他们的牢骚话，王丽媛哭着跑开了。

在接下来的卫生评比中，他们班果然因为这三扇窗户没擦干净而被扣了分，摘走了卫生流动红旗。

成长启迪：

发牢骚作为情绪宣泄的一种方式，不加注意就极易转化为影响人际交往的消极因素。牢骚有别于意见和建议，大多是烦闷不满的情绪或抱怨的话，比较消极，因此不能随心所欲地发泄。一旦你把不满情绪传染给别人，使发牢骚迅速演变成"小集团起义"，那么这种宣泄情绪的方式就变质了，很可能是事态扩大化、恶化的开始。

发牢骚都是"事出有因"，我们就得针对这个"因"去找解决的办法，而不要陈芝麻烂谷子的都找出来统一"算账"，甚至主观臆测、曲解事实。在本段故事中，刘鹏飞他们本是对工作安排不满才发的牢骚，以提醒劳动委员在工作安排上要尽可能地做到公平，可到最后却变了味，将事情扩大并曲解成劳动委员故意跟他们过不去，欺压他们，这样的牢骚毫无意义，只会伤害同学间的感情。

因此，同学们一定要注意自己发牢骚的行为，要适可而止，否则会造成严重的后果，损人不利己。

智慧心语：

自私和牢骚，使人心灵郁闷受损；欢乐和博爱，则使人眼光敏锐。

——海伦·凯勒

以点带面巧批评

307 宿舍的六个同学当中，谢刚的家境算是最差的——父亲常年在街边摆修车铺，母亲在餐馆打零工。父母含辛茹苦地支撑着这个家，尽可能地给他提供一个良好的学习环境。可谢刚偏偏是个虚荣心极强的孩子，整天与同学比吃穿玩用，就是不比学习。

这天，谢刚拿着一款新买的手机，兴高采烈地向睡在他上铺的卢剑涛炫耀："看，昨天我过生日，我要爸妈送给我一部手机做礼物，它能播放音乐，功能可强大了！"

卢剑涛一直以来对他的做法不满意，便好心劝他："我们还是只能消费不能挣钱的中学生，像这类可有可无的东西还是不乱买为好，毕竟学习才是正事。"

"你思想怎那么僵化呢？"谢刚不乐意了，"现在是信息时代，没有手机怎么能行，你看班里没有手机的同学还剩下几个？再说了，哪个父母甘愿让自己的子女落在人后？"

"你是用这种方式争'先进'吗？"卢剑涛撇了撇嘴，"我看呀，你是啃一口书本，啃一口父母！"

说完，卢剑涛蒙头睡觉了。谢刚则是愣在原地，思考着卢剑涛的话，久久没有挪动。

说话时应善于透过生活的现象抓住本质，使听者"借一斑而窥全豹，长于片言而尽传神"。

谢刚不顾家庭承受能力，乱花钱、乱攀比，买了不该买的东西，还振振有辞，貌似有理。卢剑涛没有被他花哨的说辞所迷惑，而是洞悉到谢刚之所以有此言行，是对父母缺少体谅之心，没有认清自己的角色。他只以简洁、形象的一句"你是啃一口书本，啃一口父母"，便驳得谢刚哑口无言，一言胜过万语。

成长启迪！

智慧心语：

用简洁的话说明道理比用复杂的话说明道理要高明。

——赵启正

小中见大，摆脱尴尬

国家一级作家张贤亮曾经作为团长带领中国作家代表团访问以色列。

访问期间，以色列电视台以直播的方式对张贤亮进行了采访。在节目中主持人问道："张贤亮先生，你是一名共产党员，近来你以作家的身份走访过很多西方国家，请问，经过比较，你究竟是认为资本主义好还是社会主义好？"

张贤亮稍作思考，答道："这个问题对一个共产党员来说不成问题，历史唯物主义者不会做这种比较。因为我们共产党人认为社会的发展是一个自然的流程，原始共产主义社会以后是奴隶社会，奴隶社会以后是封建社会，当封建社会的生产力发展到一定程度时，就被资本主义社会所代替。同样，资本主义社会的生产力高度发展以后，就会自然地出现社会主义社会。这就像春天以后是夏天，夏天以后是秋天，秋天以后是冬天一样。你能比较到底是春天好还是夏天好，或说是秋天比冬天好吗？每个季节都有它的好处和特点，不管人认为好不好，每个季节都必然要来临，你也必须去适应它，度过它。"

主持人听了继续追问："请问，你是个共产党员，这如何解释？"

张贤亮回答说："不错，这个共产党员还是个资本家。这是由我们现在所处的历史阶段决定的。譬如说我在冬天的时候，必须在身上多穿一件衣服，可是到了春天，不需别人说，我自己就会把衣服脱掉一件的。"

主持人的提问非常习钻，张贤亮如果正面回答不是有损中国人形象，就会激起以色列国民的反感。张贤亮用小比喻回答大问题，成功地越过了这个"雷区"。

同学们遇到此类难题，也可以使用类似的处理方法。

成长启迪：

　　与人交谈要注意切中要点，以点带面，力求小中见大。小中见大，小即为点，大即为面，以点带面，重在选点。也就是说，应善于找准对方思想、行为、言语等方面的关键点，选准关联着全局的说理突破口。在与人交谈，尤其对方纠缠着一个问题不松口时，不妨采取这种方式，就可以巧妙应对，避免尴尬。

智慧心语：

　　说现成的一套话，你就不能够给人家深刻的印象，若按自己的意思来讲，大家更愿意听，更容易懂。

——加里宁

得意时别说"大话"

　　周末，学校举行的乒乓球比赛落下了帷幕。宋青冈发挥出色，夺得了季军，为班级夺得了荣誉，同学们纷纷向他表示祝贺。

　　同班的"小不点"黄华华也伸出大拇指夸赞道："青冈你真棒！在这么多选手中取得这么好的名次，改天有时间你也教我打乒乓球好吗？"此时的宋青冈早已得意忘形，拍拍胸脯说："这个嘛，小菜一碟！就目前你我的水平差距来看，我教你是绰绰有余的！保证你几天就能'打遍天下无敌手'。不过你水平也实在太臭了，好在你个子矮小，正适合打乒乓球，你看，邓亚萍、王涛这些乒乓球顶尖高手哪一个不是你这样的矮个子？你这身材嘛，正适合……"

　　宋青冈话还没说完，黄华华的脸色就变了。他一直为自己身材矮小而自卑，而得意忘形的宋青冈此时大谈特谈他的弱点，他心里怎么能舒服呢。

在遇到诸如取得好成绩、获得学校嘉奖等得意之事时，心情愉快，有向人倾诉的强烈愿望是可以理解的。但如果喋喋不休地吹嘘自己如何了不起，如何有水平，谁都会厌烦的。在得意忘形之时，说出来的"你在这方面就太差劲了，以后跟我多学点儿"之类的话，会容易令人生气。得意时别说"大话"，否则可能令你失去一些东西、徒增一些烦恼。

智慧心语:

谈论一切事情定要抛开自我吹嘘，绝不要絮絮叨叨地对别人谈你个人关心的事以及自己的私事。你对这些事虽然兴趣盎然，而别人却会讨厌觉得有粗鲁之嫌。

——吉斯特菲尔伯爵

顺情说好话

农贸市场上热闹非凡，一个卖瓜的摊贩高声叫卖："新鲜酥脆的大西瓜，保熟保甜！"这时，一位手持遮阳伞，衣着时髦的女孩买了一个西瓜。切开一看，女孩很不满意，说瓜没熟，摊贩说瓜熟了。两个人争吵起来。女孩气急了，没付钱转身就走。摊贩箭步追上，抓住女孩手中的伞往回拉，谁料到伞把被折断了。摊贩自知理亏，不知所措；女孩得理不让人，要砸烂所有的瓜。

眼看事态就要恶化，这时一位大叔快步上前，笑着对女孩说："你要砸烂他的瓜，也许他正在考虑砸烂你的手机呢？他砸烂了你的手机，你能让吗？"

"当然不让，我要他赔，我要告他！"女孩理直气壮地说。

"对。个人财物是受法律保护的，你告他，法律会追究他的责任。可是，你想过没有，你若砸烂他的西瓜，他也会告你，法律能放过你吗？为这点儿小事，引起这样的后果，值得吗？"

这么一问，女孩愣住了。那位大叔趁热打铁，又说："刚才大家还在议论，说一看就知道，你是个讲理的女孩，主要是你不服这口气，而不是为了这把伞。难道你真想要他赔伞吗？我想大概不是的。"

女孩脸上的怒气消了一半，可是，碍于面子，她没法改口，需要给她一个台阶下。大叔于是转向摊贩说："你折坏了人家的伞，人家不要你赔了，还不过来道歉？"他怕摊贩不好意思当众承认错误，又补一句："人非圣贤，孰能无过！谁还没给别人赔过礼！"

听他这么一说，摊贩立即诚恳地向女孩赔了礼。女孩看看被折断的伞把虽然满心不高兴，但也没有别的解决办法，只好自认倒霉，就此罢休。于是，一场纠纷就这样平息了。

人们一般无法接受那些逆耳之言，我们在谈话时可以因势利导，先肯定对方的说法，再提出自己的看法，达到说服的目的。

成长启迪！

日常生活中，要想让别人接受自己的意见，首先要对对方的观点表示认同。这样对方会放下戒备心理，有助于下一步的沟通。

与买西瓜的女孩交流时，大叔顺着女孩的思路说，设身处地地为女孩着想，才没有招致女孩的反感，由此他才可以顺利提出事情的解决方案。

智慧心语：

用争夺的方式，你永远得不到满足，但用让步的方式，你可得到比你所期待的更多。

——卡耐基

口才集训1
说话要看清对象

俗话说"到什么山唱什么歌，见什么人说什么话"，看清谈话对象再开口是每个人应牢记在心的言谈准则。

具体来说，我们应该注意五个方面，与人沟通时才不至于说错话：

*要看对方的年龄

不同年龄的人，有着不同的生活阅历和谈话方式。比如，同样是询问年龄一事，要是问一个七八岁的小孩，可以用轻松的语气直问："你几岁了？"而对于同龄人，则需要平和地询问："你今年多大了？"或"你属啥？"对于老年人，需用比较庄重的说辞："请问您老高寿？"

如果老幼不分，始终用程式化的问法对待不同年龄段的人，那么，就可能闹出笑话并引人不快。

*要看对方的身份

我们的交流对象有长辈和晚辈之分、老师和学生之分、领导和群众之分等。对弟兄、同学、同事谈话可以放松一些，直言交谈也无妨。对长辈、老师、领导则要慎重许多，宜用敬重、谦恭的语气，多用婉转的语言讲话。

*要看对方的性别

男女有别，性别不同，喜好和禁忌自然相差很大。同样的话对男人说和对女人说作用是不一样的。比如同样说人胖，男性会一笑置之，而女性则可能会非常不愉快。

一般来说，对男性说话一般可直截了当，多聊聊事业或体育之类的话

题；对女性说话则应含蓄委婉，可以说说孩子教育和柴米油盐酱醋茶之类的话题。

＊要看对方的性格

对方性格外向，聊天时可以随便一些，甚至可以开开玩笑，斗斗嘴，对方会觉得很亲切，不会觉得有什么不妥，

如果对方性格内向、敏感，与之交谈时要表现出真诚的态度，并关注一些对方比较在意的话题，多关注其内心世界，让对方觉得你是在真正地关心他。

＊要看对方的心境

如果谈话对象情绪饱满，心情愉快，在沟通时你就可以多讲些、讲长些，甚至说法方式直接一些也无碍。反之，对象心境不佳，情绪抑郁，则应长话短说，适可而止。

口才集训2
说话选词的技法

我们平时说话看似随意，其实不然。只有注重遣词用句，才能说出恰当、得体的话，因此不仅口要择言，而且言要择词。说话用词恰当、新颖将会让你的话语出新添彩，更富有魅力。

✽ 巧借谐音，"借"出风趣

在交谈中，可以利用字词同音、同义的关系，使一个词语涉及两件事情或两种内容，一语双关地表达自己的意思。运用词语谐音双关手法，能够使话语谐趣、委婉，增强谈话的魅力。

恰到好处地利用谐音能巧妙地表现生活情景和心理状态，幽默机智地增强语言表达效果。

✽ 巧换词序，"换"出新意

在谈话时，将词语中的某个字或词变一下顺序，使得原来的词意发生变化，甚至前后构成对比，变成一种巧妙的语言。这样不但可以让话语增加几分谐趣，也能够巧妙而生动地表达自己的看法，让话语充满活力、富有魅力。这便是"换序"的"奇效"。 譬如"损人利己"是一个贬义词，但"损己利人"，一字之换，意思截然相反。

✱ 巧解词义，"解"出精彩

我们在交谈时，可以根据特定的语境对词语的意义做出一种新的解释或引申，从而使语言产生某种活力，增强表达效果。巧解词义，需既有新意，又能自圆其说，赢得大家的首肯。

总之，用词精妙，会让人产生美感；用词粗俗，则只会让人生厌。同学们在平时与人交谈时，要注意词语的筛选，让词语焕发活力，使话语产生魅力。

④ 用辩论技巧说服对手

求理性求精警常辩论
我不过为了自我肯定

——吴浩康《好胜》

一语双关使辩论言浅意深

一天，清朝大学者纪晓岚与户部尚书和珅及和珅的党羽朝中御史三人在一起喝酒，和珅有意调侃纪晓岚，指着地上的一只狗说："是狼是狗？"纪晓岚当时担任礼部侍郎，和珅问句的谐音是"侍郎是狗"。纪晓岚自然明白和珅是在骂自己，就机智地说："这要看尾巴，垂尾是狼，上竖是狗。"

"上竖是狗"的谐音是"尚书是狗"，纪晓岚以其人之道还治其人之身，有力地回击了和珅。御史见和珅吃亏，就接过纪晓岚的话说："喔，是狼是狗，您这样一解释我就明白了。"纪晓岚听出御史是在帮腔骂他，就又说："不光是在尾巴上有区别，在习性上也有所不同呢，狼只吃肉，狗则不然，遇啥吃啥，遇屎吃屎。""遇屎吃屎"的谐音是"御史吃屎"，御史无言以对，帮腔不成反倒吃了个哑巴亏。

这三个人的对话堪称一场小型辩论，简短而有趣，三人都利用了各自官职名称的谐音，巧设双关，使辩论妙趣横生。和珅利用谐音骂纪晓岚，纪晓岚一语双关地辩论，既使对方明白真实含义，又不至于伤了体面，实在是巧妙、有趣。

成长启迪：

　　双关是利用语言或语义的条件，有意使语句同时兼有两种意思，表面上说这个意思，实际上是表达另一个意思，这第二层意思才是说话者的真意所在。在辩论中使用双关，既可表达浅层意思，又可显现深层内蕴，还可以用于回绝、讽刺、批评和攻击对方，揭露对方命题的实质。

智慧心语：

当一个人无话可说时，一定说得十分拙劣。

——伏尔泰

借对方话题为我所用

月末放假，白亮回家从父母手里要来了下个月的生活费。同寝室的刘开看他手头比较宽裕了，便突发奇想，向同寝室的几位同学提议："看样子白亮今天手头不紧了哟！反正今晚没有课，再说我们好久没在一起聚餐了，我提议，我们几个今晚AA制去肯德基吃一顿！怎么样？"

"好！"其他几位同学一拍即合，异口同声。

唯独白亮面露难色。他心里清楚，这几位同学都家境宽裕，而自己手头上的这些钱是父母辛辛苦苦挣来的，必须得撑到下个月，如果只图一时痛快去大吃一顿，那他下个月的生活将会更加捉襟见肘。想到这里，他抬起头来说："干吗非要下馆子呀，我们学校食堂的饭菜不也是很丰富吗？"

刘开不以为然，鄙夷地说："你呀，又心疼钱了是不是？别那么斤斤计较，把这区区几十块钱算来算去的，古人不是说过嘛——要视金钱如粪土！"

"就是的，你别那么小气，要视金钱如粪土呀！"同学们众口一词。

"是呀，我也曾经这么想过，"白亮装作万分苦恼地说，"可是如果我视金钱如粪土的话，爸妈就会视我如化粪池的！"

"哈哈，你小子真逗！"刘开以及其他几位同学听出了他的言外之意，会心地笑了起来，不再强求白亮了。

借题发挥的关键在于一个"借"字，只有巧妙借得对方的话题为我所用，发挥起来才有根有据，让对方百口难辩，收到奇佳效果。

"要视金钱如粪土"，这句话对毫无经济能力的中学生而言，纯属无稽之谈。白亮在反驳时，紧紧抓住刘开话语里的关键词"视金钱如粪土"巧妙地进行借题发挥——如果我视金钱如粪土的话，爸妈就会视我如化粪池！既否定了刘开等人不符合个人客观实际的消费观，又委婉地再次拒绝了大家的提议，"借"得天衣无缝，发挥得幽默风趣。

在辩论中，面对对方的"无稽之谈"，有时可装作听不懂他的本意，而顺着他的字面意义借题发挥，从而声明自己的观点，这样就能获得较好的反驳效果。这种方法简洁精练，以一当十，既生动幽默，又雄辩有力。

智慧心语：

幽默就像练剑时用的钝头刀，怎么样也伤不了人。

——莎士比亚

顺水推舟，暴人之谬

星期六，萧言明与同学一起到花鸟虫鱼市场去玩。走过一家卖金鱼的摊位时，听到摊主在吆喝："德国杂交的新品种金鱼，不仅漂亮，而且饲养方便，成活率高，寿命长达5年，大家快来买哟。"

德国新品、寿命长达5年？萧言明与同学好奇地凑过去。摊主便殷勤地向他俩介绍这种金鱼的种种优点来，比如这种鱼环境适应性强、存活率高、寿命长、无须特别精心伺候、十分好养等。一番话真的打动了萧言明的心，经过一番讨价还价后，萧言明以十五块钱一对的价格买下了两条体形相对娇小的金鱼。

萧言明满以为这对"寿命长达5年"的金鱼会陪伴他度过剩下的五年中学时光，可万万没想到的是，第二天一早他起床兴致勃勃地去观赏这对金鱼时，才发现它们早已一命呜呼了。自己换水、喂养都是严格按照摊主的要求来的啊，金鱼怎么就会死了呢，不是说这寿命长达5年吗？惋惜之余，萧言明不禁开始怀疑老板的诚信来，他这才感觉到自己是上了老板的当了。

于是萧言明找来昨天装鱼的塑料袋，把两条死鱼装进去，就径直来到了老板的摊位前。

老板仍然在大声吆喝这种金鱼的种种好处，引来不少顾客围观。瞅准时机，萧言明走了上去："叔叔，我昨天在你这里买的金鱼，没活一天就全都死了，你不是说寿命长达5年吗？"

正在挑鱼的顾客闻见，忙直起腰来听个究竟。

"哦，不可能吧，一定是你拿回家喂养时出了问题。"老板极力推脱责任。萧言明就一五一十地将自己的喂养过程说了一遍，老板实在找不出什么破绽来，便继续狡辩道："我忘告诉你了，昨天刚好是它们5岁的生日。"

这老板实在太不讲道理了！不承认自己做虚假宣传，反而在事实面前狡辩。于是萧言明故意当着那些挑鱼的顾客，不紧不慢地说："哦，叔叔，

这下我明白了，你卖的金鱼虽然寿命长，但离死只有一天。"

　　一句话说得老板无言以对，眼看着几位已经挑好鱼的顾客又重新将鱼放了回去，老板态度来了个一百八十度大转变："呵呵，没关系，在我这买鱼你尽管放心，有不满意的可以调换，这样吧小伙子你再重新挑两条……"

成长启迪：

　　在生活中经常会遇到有人故意使用诡辩的方法为自己百般推脱，这时，我们就可以用"顺水推舟"的方法来破解对方的招数，达到绝地反击的效果。

　　顺水推舟就是在论辩中，表面上认同对方观点，顺应对方的逻辑进行推导，并在推导中根据我方需要，设置某些符合情理的障碍，使对方观点在所增设的条件下不能成立；或作合理的逻辑延伸，并借此提出新的、具有明显错误的议论，从而暴露其荒谬，以达到揭露、反驳的目的。

　　萧言明与摊主的交涉实际上是一场微型论辩。面对金鱼连一天也没活过这一事实，摊主并不承认自己的鱼本身有问题，而是在极力狡辩，提出了"昨天刚好是它5岁的生日"，这显然是在狡辩，萧言明则顺水推舟，来个以谬制谬，以"你卖的金鱼虽然寿命长，但离死只有一天"给予了摊主沉重一击，揭露了摊主的谬论，也揭穿了他的虚假谎言。

智慧心语：

顺势是最好的计划，逆势是最坏的神话。

——巴菲特

步步为营的说服术

一天中午，秦老师来到班级巡查，看到甄自炜正飞快地抄袭同学的化学作业。甄自炜在班里是个运动明星，但平时在学习上却不怎么用功，各门成绩经常挂红灯。他只要一听到下课铃声就来精神，抱起篮球就往外跑，根本没把学习的事情放在心上。老师布置的作业他很少独立完成，基本上是等快交作业时，才临时抱佛脚，找来同学的作业一阵狂抄。此刻甄自炜抄作业的行为正被自己逮了个正着，秦老师决定借此机会好好跟他谈谈。于是她在弄清甄自炜确实在抄袭作业后，和蔼地打断了他：

秦老师：甄自炜，你是不是在做作业？

甄自炜（有些慌乱）：是的。

秦老师：你跟前的这个作业本是不是别的同学的？

甄自炜（有点紧张）：是的。是×××的作业本。

秦老师：这么说你是在抄同学作业喽？

甄自炜（红了脸，低下头）：是的。我篮球打过头了，忘了下午上课前要交作业的事了。

秦老师（笑了笑，并没有责备他）：你的理想是不是想考上山东体育学院？

甄自炜：是的，老师，我做梦都想考上。

秦老师：要想考上这样一所大学，光体育成绩好是不够的，文化课还必须要过关，这样你才能梦想成真。体育生也必须要考文化课，这你知道吗？

甄自炜：是的，这我知道。老师您提醒得对，我的文化课确实不行，照这样下去，高考很难过关。

秦老师：知道就好。你这样自己不用功，靠抄袭同学的作业来应付学习，又怎能提高自己的文化课成绩呢？你这样做是不是有点自欺欺人？是不是对老师、对父母、对自己不负责的一种做法？

甄自炜：是的……

秦老师：学习要靠自己，依靠别人只能害了你自己。平时有不懂的难题可以问老师，也可以向同学请教，但不能不动脑筋就拿过同学的作业照抄照搬呀。只要你用功，学习成绩肯定能上去的，考上理想的大学也就有希望成为现实，关键在于你抱有怎样的学习态度。你说是不是这样？

甄自炜：是的，老师，我照你的话去做。谢谢你的提醒，以后我一定改正，努力学习，在文化课上好好用功……

后来，甄自炜果然改掉了抄袭同学作业的坏习惯，在学习上也积极主动了许多，各科成绩也有显著的提高。

成长启迪：

古希腊伟大的哲学家苏格拉底曾有过一句名言：先让对方说是、是、是……最后提一个不是的问题，他也会习惯性地说"是"。这便是他独创的"苏格拉底说服术"。

秦老师在说服甄自炜时运用的就是"苏格拉底说服术"。这种说服术可以缓解对方的抵触心理，还具有暗示、提醒作用，能让被劝者在交谈中意识到某些被忽略的东西，最终心悦诚服地被劝服。

细看秦老师对甄自炜的劝说过程，我们不难看出秦老师所使用的劝说技巧有一个特点，那就是对方每回答她的话，都不得不说"是的"。秦老师是步步为营，甄自炜则是节节退让，甄自炜最终在多个"是的"的肯定性回答声中，逐步认识到自己的错误。

智慧心语：

有说服力的人，他会获得一切。没有说服力的人，拥有的也会丧失干净。

——拿破仑

引蛇出洞，才能打蛇七寸

　　周末，胡喜祯在学校附近的书店花原价买回了一本《新课标九年级物理解析》。回到宿舍，她开始津津有味地翻阅。忽然，她惊叫起来："哎呀，错别字这么多，这是盗版书，我上当了！"她上铺的贾嘉赶紧过来帮忙验证，果不其然，是本盗版书！退书？可那家书店老板蛮不讲理，就曾经有同学因退书而吃过他的闭门羹。怎么办呢？胡喜祯茫然无措。贾嘉沉吟片刻，跟胡喜祯耳语一番，然后一个人先来到了那家书店。

　　她捧起了胡喜祯买过的那种书，装作漫不经心地问老板："这书多少钱？""上面有定价。这是新版书，不打折。"老板很自信地说。贾嘉拿着书左右审视，自语道："唉，这年头盗版书太多了，这书怎么没有防伪标签呢？"店主抢过话头："你放心，我这里绝无盗版！"贾嘉仍然感叹："上次我在对面那家书店买书时，店主就像你一样给我打包票，谁知拿回去一看，有些答案都错了，原来是仿真度很高的盗版！"店主一听说是他对门的"仇家"，就怂恿道："你去找他呀，让他退钱！"贾嘉哭丧着脸说："去找了，可他以为我们学生好欺负，就态度蛮横，强词夺理，拒绝退书啊。"店主幸灾乐祸地说："这还不好办？你可以打市文化稽查大队专设的举报电话××××号，保证他马上给退书！"

　　贾嘉见时机已到，就冲外面摆摆手，把胡喜祯招呼进来，把那本盗版书放在店主桌子上要求退货。店主这才惊呼中计，但已无计可施，只得老实退款。

　　引蛇出洞是运用计谋诱使坏人进行活动，使之暴露，然后对其实施打击的一种战术。同学们也可将这种战术运用到辩论中。在辩论中，因时机不成熟或者因论据不充分，如果仍用正面进攻就会导致收效甚微，这时可以尽快调整进攻手段，或是巧设圈套，或是由浅入深，或是反向诱导，引蛇出洞，使其"要害"暴露，然后对其实施攻击。

成长启迪：

　　贾嘉料想书店老板定会无理辩三分，为了达到退书目的，她采用了设圈套的迂回之法，从一个相似的情境切入，诱使敌方说出对自己不利的解决方案——"跟店主交涉，交涉不成就向有关部门举报"。这番话，若在平时店主肯定不会说，但在贾嘉的设计、引导下，店主将对自己极其不利的方案（要害）完全暴露。接下来在事实面前，贾嘉和胡喜祯只需轻轻一击，店主便无力辩驳。贾嘉巧妙地引蛇出洞，终于让黑心店主搬起石头砸了自己的脚。

智慧心语：

如果我能说服别人，我就能转动宇宙。

——弗里德里克·道格拉斯

质疑问难，巧反驳

在放学路上，某中学初三（9）班的魏策跟同学杜明飞饶有兴致地谈起了发生在邻居身上的事：邻居是个下岗职工，家里经济状况很窘迫，前几天突然接到一个从广州打来的电话，说他的姑姑不幸去世了，由于无儿无女，姑姑临终前把一部分遗产捐给了公益事业，把一个店铺留下由他继承。于是他赶紧借钱坐飞机去了广州。可赶到广州时，店铺却在前一天晚上被一场大火吞没了！他十分沮丧，回来后整天愁眉苦脸，连手头上的小本生意也不愿意做了，天天怨天尤人……

于是魏策感慨地对杜明飞说："人呀，面对苦难要摆正心态才是。他本来就不曾拥有过那个店铺，虽然经历了那场大火，但也谈不上失去呀。只有拥有过才可能说是失去，既然不曾拥有就谈不上失去了。他不应该这样跟自己过不去的，你说是吗？"

魏策本来是想表达"人面对苦难要学会坚强，调整好心态"这个观点，但杜明飞眨巴了一下眼，故意诘问他道："照你这么说，你从来没有失去的东西，就一定是你已经拥有的了，对吗？"

魏策没想到他会这么问，愣了一下，很快便组织了语言进行反驳："照你的逻辑，你从来没有丢失百万巨款，这说明你是个百万富翁，对吗？"

杜明飞挠挠头，无力辩驳，尴尬地笑了。

成长启迪：

在辩论中，面对对方明显荒谬、失之偏颇的诘问，己方可以以同样方式组织诘问进行反驳，达到辩论制胜的目的。

例子中两人的谈话存在着一场辩论：杜明飞的诘问中藏着一个圈套，想让魏策上当，使他承认自己"没有失去的，就是拥有的"这个观点，然后玩弄诡辩，得出诸如"你从未失去的东西，说明你已经拥有这种东西"等这类荒谬结论。面对他的诘问，魏策看出了他使花招的用意，巧妙地用同样的诘问来反驳了他，在杜明飞尚未来得及玩弄诡辩伎俩前，先来一个反击，用具体的假设"你从来没有丢失百万巨款，说明你是个百万富翁"这样明显荒谬的结论，把杜明飞想进一步得出的诡辩结论当做武器，抢先投给了他，使其顿然语塞，哑口无言。

智慧心语：

言语是人类所使用的最有效果的药方。

——吉普林

依照对方逻辑设计疑难问题

学校的课外辅导员、市交警大队的陈警官将要来学校向同学们宣讲交通法规。为了增加普法讲座的趣味性，学校想采用边宣讲边插入文艺表演的形式。高一（5）班接到演出任务，决定排演一个酒后驾车的小品。这个创意是文艺委员时筱策划并组织实施的，另两个演员分别是班里的搞笑明星孙力和徐坤齐。

这天下午放学后，三个人又进入了紧张的排练工作。孙力出演爱喝酒的驾驶员，由于他不满意这个角色，所以心里一直不舒服，他很想替代时筱出演交警角色，但又不好明说，所以在排练时出工不出力，故意给时筱设置障碍。眼看日期临近，他们的小品还没有排出来，时筱很着急，说："孙力，你怎么了，这几天你一直没有进入角色呀，我们可不能在那天演砸了，给班级丢脸呀。"

听他这么一说，孙力正中下怀，便懒洋洋地故意习难道："你让我演一个酒鬼，但我没有这方面的体验呀，要想让我进入角色，你要给我买一些酒菜来现场体验一下，这样才能找到感觉。你说，没亲身体验怎么能演好呢？"

时筱听出来孙力是故意在给自己出难题，一下子识破了他的诡计，便笑吟吟地回敬道："这个倒不难，到饭店叫些酒菜就可以让你体验了。但一会儿再演酒鬼撞车时该怎么办呢？你会不会也要亲身体验一下呢？"

孙力面红耳赤，连连挠头说："我开玩笑呢，好，现在我们开始排练吧。"

在辩论中，如果对方话语中含有某种无理要求时，己方可以依照对方的思维逻辑来设计一个疑难问题，以此疑难问题还击对方，使对方无法回答，当场陷入窘态。

使用这种方法应注意，设计的疑难问题要从对方的借口中引出来，而且必须与对方的借口有关联，否则，质疑也就没有力度，起不到使对方哑口无言的效果。

智慧心语：

因为有言语，你胜于野兽，若是语无伦次，野兽就胜于你。

——萨迪

句句紧逼，让对方词穷理屈

丁大壮平时爱搬弄是非，以取笑同学为乐。这天他神秘兮兮地对柳明说："昨天我上街，你猜我看到了什么？我看到班长高洪焘和颜菲两人手拉手在街上走！"

柳明知道他又在杜撰莫须有的事情拿同学取乐，便追问他："你怎么看到的？"

"我亲眼在街上看到的，"丁大壮兴奋地描述道，"我当时在飞腾大厦买文具，随便往下一瞟，呵，他俩正手拉手，还把无名指勾在一起……"

"飞腾大厦在五层才有卖文具的，你这么随便一瞟就看见是他俩了？而且离街面距离至少要有几十米，你怎么看得清楚？上课的时候，你坐在第一排还埋怨看不清，这回离得那么远怎么连人家手拉手而且是无名指勾在一起都能看清楚？"

"这……"

"你既然看得那么清楚，那他俩昨天分别穿的什么衣服？"

"这……"丁大壮说不出来了。

柳明脸色一沉："大壮呀大壮，你改改这无中生有的臭毛病好不好？你看看，现在同学们对你都有什么看法？你人气指数是越来越低了。同学之间开玩笑无可厚非，但蓄意捏造事实可不好啊……"

丁大壮羞红了脸。

在辩论中,当对方论据不足或虚假时,己方可以运用"质疑问难"法进行反驳,以对方论据上的破绽为突破口,进行质疑问难、连续追证,还事实以本真面貌,从而驳倒对方。

使用此法应注意追问的目的性,即使对方辩论的论据丧失证明能力;在表达方式上,要以追问的形式逼迫对方,直到对方陷入理屈词穷的境地为止。

智慧心语:

言语之力,大到可以从坟墓唤醒死人,可以把生者活埋,把侏儒变成巨无霸,把巨无霸彻底打垮。

——海涅

口才集训
选择辩论的进攻点驳倒对方

在辩论中，有时候我们明知对方所讲的话不对，却不知如何反驳。即使进行反驳，也往往驳不到点子上，甚至给对方留下反击的把柄。究其原因，在于没有找到辩论的进攻点，所以就没能抓住对方的"致命"漏洞。善于寻找最有利的进攻点，就能一箭中的，轻易驳倒对方。

✻ 以论点为进攻点

在辩论中，我们经常强调要"以理服人"，就是说论点一定要正确，符合客观实际。但有的人往往强词夺理，在认识上具有主观性、片面性，这时就可以从其论点上寻求进攻点。请看下面这个例子：

有个男人跛着脚走进医院，对护士说："我很穷，请把我安排在三等病房吧，这样可以省些钱。"

护士问："没有人能够帮助你吗？"

"没有，我只有一个姐姐，她是修女，也很穷。"患者很是无奈。

护士听了生气地说："修女富得很，因为她和上帝结婚。"

"好，你就安排我在一等病房吧，"患者说，"结账时你就把账单寄给我姐夫好了。"

这是一则辩论幽默，笑过之后，你不能不为这位患者的巧妙反驳击掌赞叹。他的辩论之所以简短有力，在于他在对方的论点上找到了进攻点——"修女的丈夫是上帝"，护士的这个观点显然是荒谬至极的。患者紧紧抓住护士论点的荒谬之处，表面上顺其意愿，承认对方说的有道理，再将错就错，要求她"把账单寄给我姐夫"。如此一来，护士陷入窘境，无从反驳。

✳ 以论据为进攻点

在辩论中，想要证明自己的观点就离不开真实可靠的论据。论据是为证明论点的正确而提出的根据，如果在辩论时能够独具慧眼，找到对方论据上的"软肋"并予以打击，其论点也就不攻自破了。

✳ 以论证方式为进攻点

辩论的过程其实就是论证的过程，就是各自用论据来证明论点的过程。因为论证过程相对复杂，所以对方在论证过程中常常会出现各种各样的漏洞，暴露出弱点。这时，我们不妨针对对方的论证方式寻找进攻点。请看下面这个例子：

这天，一个小男孩到面包店买了一个两便士的面包。当他从老板手中接过面包时，却发现面包比平时要小得多，于是就对老板说："这面包怎么比平时要小一半啊？"

"哦！不要紧，小的东西拿起来方便，面包小些你拿起来就方便了。"显然，老板在诡辩了。

对此，小男孩没有争辩，只给一个便士就离开了面包店。

老板赶紧大声喝住他："嗨！你面包没给足钱啊！"

"哦，不要紧，"男孩不慌不忙地回答，"这样，你数起钱来就方便多了。"

老板的论证过程中出现了一个明显的漏洞，他以"小的东西拿起来方便"机械推出"面包小拿起来就方便"进行诡辩，小男孩紧紧抓住对方在论证方式上的漏洞为进攻点，故意少给钱，在回答对方的质询时，仿照其逻辑，以"钱少数起来就方便"来回敬对方。

5 顺畅沟通，建立和谐家庭

守事亲义唯我可以解忧
年一则喜一则惧论语
斯爱亦爱所敬吾亦敬之
若命不易美恶不可移
断长续短损有余益不足
达爱敬之文而滋成行义之美
仰不愧于天俯不怍于人
您的教诲就是代表了我的佛

——陈晓东《父母》

让妈妈说话算话

正在读初中的璐璐见同学们都有自己的特长，很是羡慕，于是也想要学一门特长——弹吉他。为了鼓励璐璐把学习成绩提上去，妈妈说："只要你学习成绩有进步，达到班级前10名，妈妈就给你买吉他！"璐璐非常想要吉他，所以接下来的一段时间她努力地学习。功夫不负有心人，在期中考试中，她拿到了第9名。璐璐非常高兴，便请妈妈兑现诺言。

妈妈（担心女儿去学特长，耽误学习，只字不提买吉他的事）：你学习进步很大，妈妈真为你感到高兴，今晚妈妈给你做你喜欢吃的童子鸡、铁板牛肉……

璐璐：（心里有些不满。她皱了皱眉头，似乎有了主意）虽然我用功了，但还是有些问题弄不明白。今天下午语文老师给我们讲了《曾子杀猪》的故事，但它蕴涵的道理我还没想明白！

妈妈：快把故事说来听听，看爸爸妈妈是否知道。

璐璐：《曾子杀猪》大意是这样的：曾子的妻子去集市，她的儿子跟在她的后面哭。曾子的妻子对儿子说："你回去，等我回来给你杀猪吃。"于是，儿子回家了。曾子的妻子从集市回来后，曾子马上就去杀猪。妻子制止他说："我只是哄哄孩子啊。"曾子说："不可以随便欺骗小孩的，孩子的品德修养全靠父母教育，现在你欺骗他，无形中你就是教育孩子去骗人啊。"于是，曾子就杀了猪给孩子吃。这个故事说明了一个什么道理呢？

妈妈：这个故事告诉我们，对孩子的教育不仅要注意言教，更要注意身教。

爸爸：这个故事告诉我们做人要讲诚信。

璐璐：爸爸、妈妈真棒！把我的难题一下就解决了。爸爸，听说前几年的一次高考作文是以诚信为话题的，不知道出题者的意图是什么。

爸爸：我想近来社会上许多人不讲诚信，缺乏诚信意识，出题者是想借考试的方式来宣传、提倡诚信，想营造一个人人讲诚信的和谐社会吧。

妈妈：璐璐，原来你向我们请教问题是"醉翁之意不在酒"啊。既然你向我保证安心学习，我就放心了，明天我一定兑现诺言，给你买吉他。

第二天，妈妈果然给璐璐买回了后者向往已久的吉他。

成长启迪：

在现实生活中，我们或多或少遇到过像璐璐一样的情况，父母明明答应好的事情，却不履行。这种时候千万不要对父母发脾气，要动动脑子，用巧妙的言辞说服父母，维护自己的"权益"。

璐璐的整个说服过程没有硝烟弥漫的火药味，而是在一种全家对学习问题、社会问题的深入探讨的和谐温馨的氛围中进行的。她抓住了妈妈对自己学习特别关心的心理，从请教学习上的问题入手，把父母诱入自己设下的圈套中，并开展对"诚信"的探讨，最终巧妙地说服了妈妈给自己买吉他。

智慧心语：

理直而出之以婉，善言也，善道也。

——吕坤

做父母感情的"黏合剂"

最近一段时间，谢婷婷家里总是阴云密布，原因是爸妈近来关系紧张，经常发生争吵。爸妈之间的战争弄得谢婷婷心神不宁、满脸忧郁。她想，这样下去不是办法，要赶紧想个方法解决这个问题。

下午一到家，谢婷婷看见爸、妈又都气鼓鼓地背对着背，不用问，肯定又吵架了。她眉头一皱，计上心来，嚷道："哎哟，我的头好痛！"一听宝贝女儿不舒服，两人急忙跑过来关切地问这儿问那儿。

见爸妈都围在自己身边，谢婷婷埋怨地说道："最近同学们都说我脸色蜡黄，精神不振，都快要变成'林妹妹'了。你们整天只知道忙自己的，也不问问是什么原因。"

爸妈听谢婷婷这么一说，慌了，急忙问道："婷婷，是什么原因呀？是生病了，还是和同学闹别扭了？"

谢婷婷一撇嘴："什么原因？还不是你们惹的祸呀！你们整天唇枪舌剑，战火纷飞的，我们家哪还像个家！"

爸妈对视了一下，无言以对。

谢婷婷知道这话打中了爸妈的"软肋"，一边流眼泪一边回忆道："爸，妈，你们还记得我们以前有多快乐吗？春天，我们去踏青；夏天，我们去游泳；秋天，我们去爬山；冬天，我们一起打雪仗。谁不羡慕我们家呀？"

爸爸妈妈听后，都一言不发地沉思着。

"看看现在，你们专挑对方的毛病，互相攻击，巴不得不见面才好。"谢婷婷瞅着默不做声的爸妈，继续说道，"可是以前，我记得你们都夸对方好，还要我多体谅你们呢。妈，你经常对我说：'你爸工作忙，压力大，在外够操心，回家就别让你爸操心了。'我还记得，每天出门时你都要帮爸系好领带，把公文包递到爸手上。而爸你呢，每次出差，不管多忙、多晚，都要打电话给妈报平安；每到妈妈生日，你都会买红玫瑰给她。邻居看了都对我说：'婷婷，你爸妈好浪漫哟，我们真羡慕呀！'难道这些你们都

忘了吗？"

爸爸低下了头，妈妈也惭愧地看着女儿。

"我们班上有位同学，就是因为爸妈离异，差一点失去了生活的勇气。如果真是那样，我都不知道自己会做出什么来！"说到这里，谢婷婷泣不成声。

这一席话说得爸妈也泪眼婆娑。妈妈一把搂过谢婷婷，说道："好孩子，都是爸妈不好。"又对婷婷爸说道："你看，你连女儿都不如了。"爸爸急忙道歉："怪我，怪我，光考虑自己的感受，没想到你们。我改还不行吗？"

谢婷婷一听，破涕为笑。

成长启迪：

遇到父母情感出现危机时，作为子女，不要无动于衷，可以利用自己在家庭中的角色优势左右撮合，促使父母重归于好。在撮合过程中，要尽量用自己的伶牙俐齿巧言妙说，帮助他们突出"情感重围"。

面对父母关系紧张的局面，如何找到话题的切入点，的确需要动一番脑筋。谢婷婷借"同学们都说我脸色蜡黄，精神不振，都快要变成'林妹妹'了"引出话题，将"背对着背"的爸妈吸引过来，正是利用了父母心疼子女的心理。这样切入话题，巧妙自然，顺理成章，使处于冷战中的爸妈坐到一起，从而为劝说的顺利进行做好了铺垫。

智慧心语：

言语须是含蓄而有余意。

——程颢、程颐

坦诚地向父母说出坏成绩

金小天是一名正在读高二的学生，学校是一所离家很远的重点高中。由于父母对金小天的期望值比较高，所以对他的学习要求一直很严格。金小天了解父母的良苦用心，在学习上也比较刻苦。

可上次期中考试，他的成绩却很不理想，比父母的期望值要低得多。金小天回家把自己考试不理想的事情如实地向父母做了汇报，结果得到母亲的责备以及父亲一通训斥。为此，父亲还把金小天每月的生活费用裁减掉了20元钱，并且警告："如果下次再考不好，绝饶不了你！"

自从被父母批评以后，金小天的心情一直不好。回到学校，每当想起父母愤怒的面孔和可怕的眼睛，他就不寒而栗。

真是"屋漏偏逢连阴雨"，在接下来的一次月考中，金小天又考砸了，而且比想象的还要糟糕！眼看第二天就要放月假，金小天又得回家向父母索取下个月的生活费用了。可金小天却一点回家的勇气也没有，他不知道该怎样向父母说才好。

在放学后，他满腹心事地找到了班主任刘老师，请老师帮忙想办法该怎样向父母说才好。

刘老师听到他的叙述后，微微一笑，说："小天啊，我能够理解你此时此刻的心情。老师也是从学生时代走过来的，也有过考试不理想的经历，也有过你今天遇到的烦恼，但因为我比较讲究说话的方式、方法，非但没有受到过父母的苛责和惩罚，反而还得到了他们的安慰和鼓励呢！"

刘老师告诉金小天，在向父母交代自己考试成绩不理想的事实时，不妨先营造出欢乐的气氛，然后找机会再说。如果等父母心情舒畅时，再说出自己考砸的事情，这时父母就不会太生气，即使发怒也会柔和得多。

当然，在告诉父母自己考试成绩不理想的事实之后，还要坦诚地说出没考好的原因，表明你已经找到了症结，说出你的补救措施。

父母知道你这次考试成绩不理想，当然期待你能加倍努力，争取下次

考出好成绩。而你千万不要忽略了父母的这种心理要求，要诚恳地向父母说出你今后的学习计划以及学习目标。

在说你的打算或补救措施时，话语一定要坦诚自信，内容一定要具体实在，切实可行。只要你做到这些，父母就会对你重拾信心，也才能真正原谅你这次的考试失利。

成长启迪：

对学生而言，由于平时学习不扎实或临场发挥失常等因素引起考试成绩不理想的情况屡见不鲜。考试过后，很多同学都会面临如何向父母交代的问题。有的同学在这方面处理得很好，凭着良好的说辞，最终取得了父母的原谅。有的同学则处理得并不理想，要么跟父母说谎，害得自己担惊受怕；要么表述不得体，触怒了父母，搞得家庭关系紧张……其实，只要注意沟通技巧，取得父母的谅解并不困难。还可以把这种事情当做与父母交流的机会，加以利用，增进彼此的了解。

当然，成功地向父母交代考试失利的事情后，并不是万事大吉了，重要的是要把你所说的计划落实到行动上来，刻苦努力，这样才能保证下次考试成绩有所提高，不至于每次都面对如何同父母交代成绩的难题。

智慧心语：

> 为一件过失辩解，往往使这过失显得格外重大，正像用布块缝补一个小小的窟窿眼儿，反而欲盖弥彰一样。
>
> ——莎士比亚

不要恶语顶撞父母

一天晚上涂晓洁做完作业后，看到爸爸不在，便坐在沙发上，准备看一会儿电视再回房睡觉。这时，爸爸开门进来了。由于公司里的事情比较多，爸爸经常很晚才拖着疲惫的身躯回家。这天也是，爸爸一进屋就把公文包扔在沙发上，鞋也不换就坐进沙发里。

爸爸脸色不好，看来心情很糟。当他看到晓洁还在看电视时，一股火就上来了："高中学习这么紧张，你还有闲情看电视？你呀，都这么大了，还不懂事，净让爸爸操心，我在外面累死累活不就是想给你创造好点儿的条件吗，可你呢，一点也不了解父母的心！"

"不就是看了一会儿电视嘛，至于发这么大的火吗？"涂晓洁认为爸爸一定是在外面受了气，回家拿自己出气。她越想越委屈，大声反驳道："你在外面受了气，凭什么回家拿我当出气筒！读高中怎么了，就因为读高中，你就堂而皇之地剥夺我看电视的权利？真可笑！"

涂晓洁这么一吼，爸爸不出声了，气得脸色铁青，陷在沙发里直喘粗气。他的确有拿家人出气的嫌疑，但是白天在公司受委屈，晚上回家又遭到女儿如此激烈的抢白，爸爸感觉伤心极了。

其实，涂晓洁完全可以换一种方式来应对这种事情。她可以这样对爸爸说："爸爸，也许你是对的。（先主动退让）来，先坐下，让我给你倒杯水，你再慢慢批评我。（然后再作解释）其实我是准备看一会儿电视就回房睡觉的……"

"也许你是对的"这句话说出口，就好像一个人在激战中率先放下武器，火药味顷刻全消。父母对我们的爱和关怀是毋庸置疑的，但有时候表达方式不太对，作为儿女的，在言语上适当退让一下又何妨？听到如此体贴的话语，相信爸爸的怒气会来得快去得也快，他接下来也许会冷静地检讨自己不妥的言行。

成长启迪：

当父母偶尔把儿女当做"出气筒"时，作为儿女先要换位思考一下，在无关紧要的事情面前，不要用冷言恶语去顶撞父母。

人都有脆弱的一面，父母也不例外。他们天天在外奔波劳累，难免遭遇挫折，回到家表现得焦虑、烦躁也不足为奇。如果儿女冲动、任性地去顶撞父母，在父母的伤口上撒盐，最终会让他们伤心不已。

智慧心语：

在批评父辈狭隘的时候，我们切不可忘记他们的深沉。

——福尔克斯

对父母多一些理解和宽容

　　周末，凌云志和妈妈一起去超市。路上，妈妈关切地问了凌云志的学习情况、交友情况，凌云志都认真地做了回答。其实，凌云志边回答妈妈的问话边心里嘀咕，妈妈什么都问，太唠叨了。

　　讲着讲着，妈妈突然说："我最讨厌你们班那个叫'基围虾'的男生了，上次你请那帮同学到我们家来，我看他上蹿下跳的尽出风头，说话也油腔滑调的，一副没有教养的样子！下次再请同学来我们家玩时，你就不要叫他了。还有啊，你平时最好离他远点，免得被他带坏。"

　　"基围虾"性格豪爽、为人热情，是凌云志的死党。平时他们无所不谈，彼此感觉很投缘。现在听妈妈这么说"基围虾"，凌云志觉得妈妈看人太片面、说话太刻薄，自己也感觉受到了很大的侮辱似的。他一股脑地将怨气向妈妈发泄出来："你整天唠唠叨叨的烦不烦啊？'基围虾'是我的好朋友，我不许你这么说他！你只见人家一次就这么贬低人，怪不得你在你们单位人缘不好呢！"

　　一席话戳到了妈妈的痛处，气得妈妈当时泪水就落了下来。

　　凌云志的话非但没能改善"基围虾"在妈妈心中的印象，还伤了妈妈的心。同样的问题，凌云志完全可以换个方式表达："妈妈，你是不是觉得'基围虾'不规矩，不像个正经学生，怕他影响我？（先理解妈妈，并不急于争辩）其实，你是没有真正了解他，他也有许多你没看到的优点呢，比如……不过，你担心是难免的，我会注意把握交往对象的。"这种在理解、宽容的基础上说出的话，哪位父母听了心里不会感觉到温暖呢？

人无完人，金无足赤，父母也有说错话、做错事的时候。这时固然需要你帮助父母指出一些问题，但是要注意方法。尤其双方都在气头上时，身为晚辈，更应主动退让，万万不能对父母疾言厉色，伤了父母的心。试想，一个连父母也不愿理解、宽容的人，又怎么对朋友宽容呢？

当然，退让并不是回避问题和矛盾，而是指在理解和宽容的基础上，无论是说话方式还是态度都尽可能地做到柔和，不伤害对方的颜面。

智慧心语：

理解人的方法只有一个：判断他们的时候不要急躁。

——圣佩韦

口才集训
不能对父母说的话

如今许多家庭，孩子与父母过于亲密，说话时往往不加顾忌，脱口而出，结果说了一些不该说的话，伤了父母的心。父母对子女有养育之恩，无论遇到什么情况，作为子女的都有义务尽力让他们宽心、开心，而不应该说令他们难过的话。对子女而言，有哪些话会破坏家庭的和睦气氛，有哪些话不能对父母说呢？

＊别对父母说绝情的话

代表话语：我的事不用你管

"我的事不用你管"是许多处在青春叛逆期的中学生在与父母发生争论时经常吼出的一句话。这样绝情的话会像匕首一样直刺父母的心房，他们会想："不用我管，你会有今天吗？"

其实作为子女，可以这样说："妈妈，现在我已经不是小孩子了，有些事情我会注意把握分寸的，您就让我自己来处理吧。"这样说既解决了问题，又让父母觉得你懂事，何乐而不"说"？

＊别对父母说轻视的话

代表话语：你们真没用

一个人的价值，不能以是否有钱、是否有地位来衡量。作为父母，谁都想为子女创造良好的条件，尽可能地去满足孩子的合理要求。也许他们尽了全力也无法满足你，但作为子女不能心高气傲，轻视父母的能力，甚至用激烈的话语刺激父母。

正确的做法是你应该回头安慰他们："你们别急，以后慢慢来，好事多磨嘛。"这样，会让父母感觉你是个懂事的孩子，让他们倍感欣慰。

* 别对父母说算账的话

代表话语：将来我会还给你们的

父母并不指望孩子将来能在物质方面给他们多少回报，只想孩子能成才、有所建树。如果孩子提出赤裸裸的物质交易原则，将父母的付出与自己将来的回报分得一清二楚，会令父母寒心。面对此类问题，作为儿女的应该用一种感恩的心态来面对，这样会更显出懂事与成熟："爸爸，我理解你的良苦用心，我知道你挣钱不容易，我会好好努力，争取让这钱不白花，将来有朝一日为我创造出十倍的财富的！"

⑥ 巧用心思，营造师生关系

你给我一句话就打开我一扇窗
你给我一个微笑我就浑身是力量
你给我一个眼神我就找到了方向
你放开双手让我遨游知识的海洋
老师呀老师你像我兄长
老师呀老师像老朋友一样
老师呀老师是我学习的榜样
你给我的一切我永远不会忘

——林妙可《老师》

用真心真意说服老师

韩老师是初三（2）班的班主任兼语文老师，平时对学生的功课抓得很紧，只要能挤出一秒时间，她也要给学生补课。时间长了，同学们对她"见缝插针"式的补课方式怨声载道；韩老师自身也因劳累过度，身体变得很差。

周五下午的最后一节课是课外活动课，韩老师中午便通知学生，要将这节课"好好利用起来"，改成作文辅导课。听到这个消息，教室里一片叹气声。这时，康小雅站起来怯怯地说："老师，能不能不补课呢？我妈妈今天过生日，我想请假早点回家，我们一家人……"

"不用说了，你走吧！"韩老师打断了她的话，愤怒地说，"不想升学的人都给我走，别找借口！"

见老师突然发怒，同学们面面相觑，谁也不敢出声。韩老师平复了情绪后换了一种口吻开导大家说："想升学，就留下来好好学习，考出好成绩才是对父母最好的回报，才是你给父母最好的礼物。"

这时班长站起来，说："老师，我能说两句吗？我们的学业固然重要，但是您也要多关心一下您自己啊。"同学们纷纷附和。

"没什么，对老师来说，这算不上什么。"

"老师，最近您可是越来越憔悴了。"班长恳切地说，"明年夏天就要中考了，您一定要注意身体啊。您要是累垮了，我们成绩再好，心里也不舒服呀。"

这一番动情的话，说得老师眼里潮润了。韩老师激动地说："同学们，你们的心意我领了，老师有你们这么懂事的学生，很满足。今天下午的课，我照样上，一点小病打不垮我！"

班长说："老师，我知道，您一定是担心我们复习不好，是不是？"

韩老师点点头。

班长信心十足地说："这个好办，老师，一切都交给班委吧，由我们带领、辅导大家自习，一定能好好完成复习任务的，您尽管去休息吧！"

"好！就按你说的做。老师谢谢你们的关心和理解！"韩老师脸上的怒气烟消云散，布满了温暖的笑容。

成长启迪：

劝说别人改变一个决定，如果考虑不周，往往会以失败告终。因此在说话、做事时一定要制定出一个周密的措施，或以退为进，或温言软语。用恳切的言辞打动对方，解除被劝解者的后顾之忧。同时，在说话时给予对方足够的尊重，便能得到对方的认可。

智慧心语：

如果你是对的，就要试着温和地、技巧地让对方同意你；如果你错了，就要迅速而热诚地承认。这要比为自己争辩有效和有趣得多。

——卡耐基

艺术地向老师表达不同意见

语文课上，老师带着大家学习朱自清的散文《春》，朗读一段，分析一段。在分析写"春风"的一段文字时，老师讲道："作者之所以能把无形无味的春风写得有声有色，有形有味，在我们的面前展现了一幅充满诗情画意的'春风图'，最关键的是因为作者能进行细致的观察……"

"老师，您的分析不对。"平时比较喜欢思考问题的王强提出了反对意见："你知道，泥土的气息、青草味儿，还有花香，是用鼻子闻到的，而不是用眼睛看到的，说作者'能进行细致的观察'，这不是睁眼说瞎话吗？"

老师一愣，脸色有些难看，但还是耐心地开导他："这绝不是'睁眼说瞎话'。你能说说什么是'观察'吗？"

"观察，这还不简单，不就是'用眼睛看'嘛！"

"你的理解显然是片面的。观察应该是有目的地察看、感知。通过我们的感觉器官，比如眼睛、耳朵、鼻子、舌头，去看、去听、去闻、去尝，去了解和掌握事物的特征。"老师补充说，"王强同学，以后课堂上有问题请先举手，得到老师允许后再发言。好，我们接着进行下面的课程……"

王强脸色通红，低下了头。

同样上课遇到问题，性格文静的林静采取了与王强不同的方法与老师进行了沟通。

几天后，语文老师在作文课上再次一边朗诵范文一边讲解写作技法。其中有个字的读音，林静觉得不对，但她没有做声。下课后，她翻阅了一些资料，证实自己的判断。于是林静在下午放学前找到老师，说："老师，我有个问题想请教您，好吗。"

"好啊，什么问题？"老师热情地问，停下了手中的笔。

"今天在作文上，在读'信任啊'时，您将'啊'读成 yā，我觉得有点不对，就翻找了一些资料。您看，这是《现代汉语词典》中关于汉语拼音 a 的变音的解释，应该读成 na。"说着，林静翻开词典摊在老师面前，

恭敬地给她看。

老师认真地看了一遍，说："你说的很对，这个问题的确被我忽略了，谢谢你的提醒。这说明你是个认真听讲又爱思考的学生，以后继续努力，老师要是有什么不对的地方你可以随时指出。"

就这样，林静与老师愉快地结束了对话。

成长启迪！

同样是向老师提意见，王强和林静所取得的效果截然不同。很显然，王强与老师的沟通方法不对。在学校，当我们与老师意见不一致的时候，要用适宜的方法与老师交流，不能莽撞地提出自己的见解。

一般来说，如果不是在课堂讨论环节，即使你与老师的意见不同，最好也不要当堂提出问题。选择在课下单独与老师沟通，这样即使老师真的错了，也保全了老师的面子，不至于让老师尴尬。

另外，老师讲课结束之后再举手发问。一方面，你可以有充分的时间进行自我验证；另一方面，不至于影响到老师正常授课，以及其他同学的学习。

学生向老师提意见，尤其要注意语气和方式，最好用商量的口吻、交换意见的口气进行。否则，不利于问题的解决，反而容易引起老师和同学的误解及反感。

总之，向老师表达不同意见，要学会进行艺术地提问。这样，不仅不会伤害师生感情，还能帮助老师改进工作。

智慧心语：

说话周到比雄辩好，措辞适当比恭维好。

——培根

冷静面对老师的批评

一天上午开班会时，班主任彭老师谈到即将进行的理科实验考查，要求全班同学提前复习，确保人人过关。为引起大家的重视，彭老师板起了面孔，表情很严肃。程胜同学没有认真听讲，正偷偷和同桌聊天，尽管声音很小，还是被彭老师发现了。

彭老师不由想到，上次信息技术考试，全班50人只有程胜一人未过关，于是彭老师说："程胜，上次信息考试全班就你不及格，你还想拉你的同桌一起'下水'吗？你看你，上次不及格，为了补考，老师专门为你辅导，耽误了多少个晚自习。而其你这次期中考试成绩严重下滑，还不吸取教训……"从未受过老师当众批评的程胜，脸涨得通红。

当天下午，在部分同学的怂恿下，程胜头脑一热写了一张言辞激烈的小纸条放在彭老师的办公桌上，全文如下：

彭老师，你不该在全班同学面前批评我，你要知道，我长这么大，可从来没有人如此批评过我。我有自尊，你今天伤害了我，你应该在全班同学面前向我公开道歉！

彭老师看了小纸条以后，气得说不出话来。心想自己本是出于好意，非但得不到感激，反而招来恶语相向。从今以后，彭老师再也没有过问程胜的学习。结果原本成绩还不算太差的程胜整天担忧焦虑，成绩直线下降。高考时，他的成绩没有达到本科线，只好复读。

成长启迪：

我们在成长的过程中，受到批评在所难免。若过分计较批评者的态度，并以此作为是否接受批评、改正错误的标尺，是因小失大的做法。

尽管老师旧账重提、语言偏激，但并无恶意。批评如药，虽苦却有利于治病，切不可计较批评者的态度是否温和。作为学生应该冷静思考，根据老师提出的批评意见对症下药，努力改正不足，这样才有可能变压力为动力。

如果你与老师产生矛盾，可以选择老师心情好时，善意地向老师提出合理化建议，也可以用言辞和缓的书信向老师表明自己的看法。无论采用哪种方式，语言都要恳切得体，才有利于化解矛盾。

智慧心语：

我们必须言行谨慎而虔诚，应该欢迎和倾听别人的建议，并对他们保持高度的尊重。

——比尔·盖茨

口才集训1
师生间融洽交流的四个妙招

国内一家权威机构曾经做过一个调查,有70%的学生害怕与老师交流,更有很多处在青春叛逆期的同学经常因为一些小事而"憎恨"老师。其实,学生由于经验不足,有很多地方需要老师的帮助。

而老师也是有交流和沟通欲望的,他非常想了解自己学生的情况和学生对自己的看法。所以,如果你没有跟你所敬爱的老师建立良好的联系,可能是由于你不够主动。

那么在与老师的交流中,有几点是要特别注意的:

* 要学会主动

老师要面对很多的学生,平时还有繁重教学任务,所以如果我们不积极主动去找老师交流,就不能像课代表一样得到与老师单独交流的机会。

当然,凡事都有度。我们主动靠近老师,也要保持一定的距离。个别学生有任何问题都愿意跟自己的老师反映,最后弄得老师心生厌烦。这不是说老师不负责,而是老师的时间与精力都十分有限,同学们应该挑重要的问题与老师沟通,不要大事小事都去找老师。

* 要学会尊重

尊重是顺畅交流的一个前提条件,对老师更是如此。特别是在刚刚与老师接触的时候,更要礼貌俱全,让老师乐于与你谈话。如果你的老师姓李,应多称呼"李老师",效果要绝对好于"老师",因为这样能让老师感受到他在你心目中的地位。应多使用"可以吗"、"请"、"对吗"、"谢谢"等词汇,并且语气真诚,让老师心生好感。在足够熟悉以后,可以在老师面前适当放松一些,但是始终不要忘记他是你的老师,不能因彼此熟悉而言语放肆。

＊ 要学会艺术地提问

在向老师提问之前要明确一点，就是对自己要提出的问题先作认真的思考。提问是为了解惑，进而为了获取更多的信息量。草率的提问只能获得草率的回答，所以在提问的时候应该向老师表达你思考过的结果，这样老师才能根据你所遇到的问题进行有针对性的回答，并给你提供其他更丰富的信息。

为了更好地实现这个目的，建议同学们在提问的时候多使用下面这些提问方式：

1. 能不能在这个方面给我更多的提示？

2. 我这个方法能行得通吗？

3. 关于这个问题，能不能给我更多可以阅读的资料？

4. 某某问题和某某问题有什么内在的联系吗？

＊ 要合理选择媒介

与老师的交流不仅仅可通过面谈、打电话等方式，在通信工具日新月异的今天，我们还可以通过 E-mail、手机短信或者 QQ 等方式进行交流。这里特别推荐 E-mail 和手机短信的方式。E-mail 可以让你有充分的时间斟酌自己想要表达的内容，而且同时也允许老师有足够的时间给你回复，性格内向的学生，可以利用这个方式作为你与老师交流的突破口。而对那些想说心里话或者受了委屈不好跟老师直说的同学来说，这也是一个避免尴尬的好办法。

手机短信推荐在过年过节的时候使用。比如教师节和春节，给老师发一条祝福短信，既能表达对老师的尊重，也可以增加老师对你的好感。

口才集训2
与老师交谈的五个禁忌

学生与老师关系再好，在与老师交谈时也要有分寸，并不是想说什么就可以直接说。与老师谈话有五点禁忌，记住这五点，才能与老师保持更和谐的关系：

✴ 不要"哪壶不开提哪壶"

老师并不是十全十美的，每个老师或多或少地存在着不足的地方。比如，学生以老师的秃顶开玩笑，就犯了"哪壶不开提哪壶"的毛病。

学生当着老师说话要有所避讳。有些老师身材肥胖，就应该避免老提"肥"字；有些老师的嗓子发声嘶哑，学生就绝对不要说"教室来了大公鸭"等。

✴ 不要刺探老师的隐私

在西方国家，问女士年纪、婚姻和收入等情况是不礼貌的，因为西方女性认为这些是个人的隐私，神圣不可侵犯。在中国其实也有很多提问禁忌。

如果你的任课老师是个女性，且年纪看上去比较大，你不能直接问她"你结婚了没有"或者"你有小孩子了吗"。因为这类问题可能会让对方感到很难回答。如果她没有结婚，可以直接回答你的问题。可是如果她已经结婚，又离了婚；或者有孩子，但因为离婚的关系丧失了孩子的抚养权，面对这样的问题，老师会尴尬不已。

* 不要在老师面前谈论其他老师的坏话

作为学生，不能够对老师厚此薄彼，尤其是不能在老师面前刻意比较一个或者几个老师，说一些老师的坏话……这样的讲话造成的恶劣影响是很大的。这位老师可能和你所评价的那位老师是朋友，他可能会把你的评价转告给那位老师，而你也给老师留下了坏印象。

* 不要拿职务、职称等敏感话题来刺激老师

作为一个学生，与学习没有直接关系的问题，最好不要问。老师没有评上职称，这其中有一些不可预知的因素，因此学生需尽量避开这类话题。

* 不要触及老师内心的痛处

有这样一位老教师，多年来一心一意投身到教书育人工作上，却忽视了对自己子女的教育。结果儿子不争气，与人打架进了劳动教养所。

有一次，一个调皮的学生犯了严重的错误，不肯认错，便激怒了这位老师。这位老师忍不住骂调皮学生"一辈子没有什么出息"。这位学生毫不示弱说："你有出息啊，那就不会让你的儿子去坐牢了！"

这位老师当场差点儿气晕过去。

这个故事告诉我们，学生在与老师交谈时，万万不可触及老师内心的痛处，这对老师来说是种残忍的伤害。

7 谈吐真诚，拉近同学距离

和你在这宿舍住过
和你在这教室拍拖
同学年代你亦同样跟我
和你共进一杯乳果亦能着魔
需要层次这样渺少不必太多

——温家恒《同窗密友》

小事讲出大道理

相信谁都不愿意总听"大道理"。一个人大道理听得多了心里容易心生厌烦，甚至产生抵触情绪。那么，如何才能将大道理讲得入耳入心，让人爱听呢？相信从"小"讲起，效果更好。

我们可以讲段小故事，把大道理讲得生动。

初三（7）班的童辉同学因病住进了医院，面对巨额医疗费他家人一筹莫展。学校知道情况后，决定在全校范围内为他开展募捐活动。班长谭新雨在班会上对同学们进行动员演讲时，讲了这样一个小故事：

"有个小女孩，一天在花园里救下了一只受伤的蝴蝶。后来，蝴蝶变成了一个美丽的仙女，许诺可以帮她实现一个愿望。小女孩说：'我想一辈子都生活得快乐。'仙女在小女孩耳边耳语一阵，变成蝴蝶飞走了。小女孩果然一生都生活在快乐之中。在她垂暮之年，人们问她，仙女究竟和她说了什么。她说：'仙女告诉我，关怀你身边的每一个人，你就会获得快乐。'同学们，人人都想获得快乐，人人都渴望关怀，可我们班的童辉同学缺钱治疗而生活在疾病的痛苦之中，我们是不是要对他多一些关怀，与他一起分享快乐呢？"

话一说完，台下沸腾了，同学们纷纷表态一定要帮助童辉。结果初三（7）班捐了很多钱，是全校捐款最多的班级。

成长启迪：

借助小故事讲大道理，既能对听众产生吸引力，又有助于给听众留下深刻的印象，更利于大家对大道理的理解和接受。"要有一颗关爱之心"这样的道理有点儿老生常谈了，如果谭新雨只是说"助人为乐是中华民族的传统美德，童辉同学病了，请大家慷慨解囊"之类的"大道理"，并不一定会真正从内心唤起同学们的关爱之心。谭新雨的演讲之所以有如此强烈的鼓动性，跟他讲的小故事密不可分。

智慧心语：

大道理说得精彩，才有人爱听。

——佚名

讲礼貌的人不会吃亏

　　听说市博物馆正举办一场陨石展览。周日，在某乡镇中学读书的孙宁和苗可便一起骑车到市里去看。他俩是第一次去博物馆，面对市区纵横交错的马路，两人不知走哪条路才好。

　　正在犹豫时，他们看见马路旁的小花园里有两位老人正在下棋。孙宁说："你先等一下，我去问问那两个老头。"说完孙宁猛踩自行车冲到两位老人跟前，潇洒地来了个急刹车，单脚点地，问："喂，去市博物馆怎么走？"两位正在思考的老人不约而同地抬起头来，不满地瞪了他一眼，都没言语，然后继续低头下棋了。

　　孙宁悻悻而返，对苗可说："唉，那俩老头耳朵不好使！"苗可在不远处早把他问路的过程看得一清二楚。他笑着说："我再去问问。"

　　苗可推车过去，走到两位老人跟前满面笑容地问道："老爷爷，能不能打扰一下，我有一点小事想请您帮助。"两位老人再次抬起头来，和颜悦色地说："小伙子，什么事？"

　　"请问市博物馆怎么走？我是第一次来，您能不能帮我指一下路？"

　　"博物馆在学林路上，你向前走五百米，再向左拐就到了。"

　　苗可再次礼貌地向两位老人道了谢。

　　"这孩子真懂礼貌，走到哪里也不会吃亏……"两位老人大声表扬苗可，也像是故意说给不远处的孙宁听。孙宁听了心里很不是滋味。

俗话说"礼多人不怪"，在向人求助，尤其是向陌生人求助时，我们应该尽量使用被请求者乐意接受的称呼、致谢语以及动作、表情等，没有谁愿意帮助一个不懂礼貌的求助者的。

同样是向素不相识的老人问路，孙宁和苗可得到的结果却大相径庭。孙宁问路不下车、问话不礼貌，没有做到对对方起码的尊重，自然不会得到对方的帮助，两位老人装聋作哑也就不足为怪了。苗可截然相反，不仅下了车，而且用语礼貌周到，表情谦恭温和，不但得到了老者的热情回应，还受到了表扬。

一成长启迪！

智慧心语：

礼节像船上的气垫：里面可能什么也没有，但是却能奇妙地减少颠簸。

——约翰逊

绕弯子提出批评

　　孙露的同桌孙大林是一个一有点小成绩就得意忘形的人，比如，会做一道题就说自己是天才，转而对那些不会做这道题的同学进行讥讽。作为朋友，孙露觉得有必要帮他改正这一缺点。

　　一次，孙露边翻孙大林的作文本边夸赞："你这篇作文写得不错，而且引用了'谦受益，满招损'这句古训。""那当然，我学识深厚嘛！"孙大林骄傲的毛病又犯了。孙露笑容可掬地说："那你能帮我解释一下这句话的含义吗？"孙大林突然意识到了什么，红着脸不再说话了。

　　孙露意味深长地说："谦虚之人更容易取得学习上的进步，赢得好人缘。我相信你的实力，但实力不应该成为一味骄傲的资本，你说是吗？"孙大林点点头。顺着这个话头，孙露高兴地说："你看这样好不好，我们定一个目标，谁语文成绩这学期能够突破 90 分，就给谁发个'天才'奖……"孙大林欣然答应。

　　后来孙露不断帮孙大林制订奋斗目标，孙大林多次获得"天才"奖。到了高二，孙大林成绩竟然攀升到了全年级的前五十名。

成长启迪！

谈心不一定要直言相向，尤其跟那些骄傲、自负的同学谈心，要讲究策略。可以采用曲径通幽之法，暂时撇开正题，同对方闲聊，寻找具有共同语言的话题。这样能缩小情感上的距离，然后对其进行开导就简单多了。

孙露没有直接对孙大林"骄傲自满"的性格提出批评，而是绕了个弯子，赞赏他在作文中引用的名言。然后巧借对这则名言的解释，让他认识到自己的错误。这种做法，巧妙自然，既没有伤害孙大林的自尊，又成功让他意识到了骄傲自满对个人成长的危害。

智慧心语：

一切学问没有速成的，尤其是语言。

——傅雷

说话不忘维护对方自尊

高二（5）班准备在周日举行一次郊游活动，目的地是二十里外的凤凰山。这次郊游活动经老师批准后，由班长熊华和团支部书记武鸣共同负责组织。

这天课间，两人在商量如何去凤凰山的问题上产生了分歧，争论不休。班长熊华从安全和时间的角度考虑，坚持包一辆中巴车去。而团支书武鸣呢，则认为活动经费本来十分紧张，如果包车的话，会花掉一大笔费用，这样在游览凤凰山时就会捉襟见肘。他建议大家不如骑自行车去，虽然路途远了点，但这样更能充分体现这次郊游的意义，还可以把省下来的钱用在游览上。

熊华严肃地说："不能光考虑钱，安全是第一位的，路途那么远，而且有盘山公路，万一要是有个差错怎么办？你承担得起吗！你作为一个组织者怎能缺乏考虑，不为大家的安全着想呢？你的意见我不同意！"

这番抢白，一下子让武鸣的脸窘得通红，他有些不快地说："但活动经费十分有限的问题你也不能不考虑吧？"

就这样，两人激烈地争论起来，各执己见，而且各有一部分同学支持他们。后来，班长熊华不耐烦了，想尽快有个定论，于是大声说："我是一班之长，这事我有决定权，就这样决定了，包车去！"

在众目睽睽之下，武鸣感觉自己的自尊心受到了很大的伤害，非常难堪，就针尖对麦芒地说："谁也没说你不是班长，在这个问题上你可以不尊重我，但总得尊重其他同学的意见吧？我不能让你搞'独裁'！"

熊华更加气愤了，嚷道："你看，还没出行呢，你就拆起我的台来了！哼，我看这次郊游不搞也罢！"

就这样，两人闹得不欢而散。武鸣呢，因为觉得熊华在大庭广众之下讲话太不给自己面子，认定他是一个缺少"口德"、不懂得尊重人的人，从此以后对他避而远之，两人的关系因此搞得很僵。

成长启迪！

同学之间交往，由于各自阅历不同、认识有差异等因素，常常会因意见相左而引发争论。善意而适度的争论，不仅会促进人的思考，而且有助于提高人明辨是非的能力。但是，人在争论中也常常会由于情绪激动而口不择言，从而伤害对方的自尊心。

同学之间争辩一定要注意自己的语言，不能以伤害对方的自尊为代价，以此获得对方的认可。在表示反对意见之前，应建议对方慎重考虑自己的意见，这样可以将对方的不快程度降低。此外，还要耐心询问对方的原意是否如此，体现出对对方的尊重，这样就会使对方谨慎起来，使其对自己的意见重新考虑或者加以修改。

智慧心语：

说话前要想想，是否有不妥之处，或有更好的说法。

——刘墉

易位思考，顺畅沟通

1963年，秘鲁发生了大罢工，学生们也加入了这场运动，全国各地的学生涌到首都游行。那时，贝拉文蒂刚上任总统。面对这种景象，贝拉文蒂总统没有惊慌，对学生们进行了一次精彩的演讲：

"你们穿过平原，越过大山。你们忍饥受冻，历经艰辛来到这里。在表明我的立场之前，首先，作为一个热爱秘鲁的公民，我要从心底感谢聚集在这里的每一个人的忧国之情，并且奉上我的友情。在你们的热情面前，我无法替自己辩解，只是希望把所有的事实真相毫无保留地告诉你们，与你们一道来考虑解决的办法。"接着，贝拉文蒂总统把自己所想到的问题细细讲述了一遍，在演讲最后说："你们今天的行动和诚意，将会载入秘鲁的史册。"

他并没有对学生们的行为进行批评，而是设身处地地为学生们着想，从他们的角度来思考问题。贝拉文蒂和善的态度、真诚的回答得到了学生们的理解与同情，演讲前的怒吼在演讲后变成了暴风雨般的掌声。

我们在与同学、朋友交流时，也要设身处地为他人着想，这样沟通才能变得顺畅有效。

贝拉文蒂能用演讲化解政治危机，因为他进行了换位思考，揣摩到了学生们的心理。

同学在与人交流谈心时，需要注意的是，谈心是双向活动，谈心的双方由于学识、阅历以及看问题的角度不同，对同一个问题往往会产生不同的看法。因此，如果双方意见产生分歧时，应多从不同的角度去考虑问题，不要急于把自己的观点、意志强加给对方。

智慧心语：

可与言而不与之言，失人；不可与言而与之言，失言。

——孔子

"打圆场"的说话艺术

有个理发师傅带了个徒弟。徒弟边学艺边练习，这天，徒弟给第一位顾客理完发后，顾客照照镜子说："头发留得太长了。"徒弟战战兢兢，不知该怎样回答。师傅在一旁笑着圆场道："头发长使您显得含蓄，这叫藏而不露，很符合您的身份。"顾客听罢，高兴而去。

徒弟给第二位顾客理完发，顾客照照镜子说："头发留得太短。"徒弟心跳加快。师傅笑着圆场道："头发短使您显得精神、朴实、厚道，让人感到亲切。"顾客听了，欣喜而去。

徒弟给第三位顾客理完发，顾客边交钱边嘟囔："剪个头花这么长的时间。"徒弟无言以对。师傅马上笑着圆场道："为'首脑'多花点时间很有必要。您没听说：进门苍头秀士，出门白面书生！"顾客听罢，大笑而去。

徒弟给第四位顾客理完发，顾客边付款边埋怨："用的时间太短了，20分钟就完事了。"徒弟心中慌张，不知所措。师傅马上笑着圆场道："如今，时间就是金钱，'顶上功夫'速战速决，为您赢得了时间，我们何乐而不为？"顾客听了，欢笑告辞。

这个理发师傅将打圆场的技术发挥得淋漓尽致。可见，打圆场能消减生活中的不愉快，作用非常大。

成长启迪：

　　在生活中，由于各种原因，我们往往会遇到尴尬或僵持的局面。这时如果当事人能审时度势，以恰到好处的解说来打圆场，就会化解尴尬，避免一些人际关系冲突发生。

　　打圆场是一种语言艺术，它的功能可用十六个字来概括：调解纠纷，化解矛盾，避免尴尬，打破僵局。打圆场时要注意岔开话题换新题，曲解掩饰、进行幽默的解说，并要求同存异，强调事件的合理性。

智慧心语：

有多少话人们不得不说，只是为了打破沉默。

——伊莱亚斯·卡内蒂

"兜圈子"说话不伤感情

来自农村的佟兵兵是个运动健将。他有一个不好的习惯，就是不洗袜子。每晚在篮球场上一阵"闪转腾挪"之后回到宿舍休息，他把臭袜子往床底一扔，就爬到上铺呼呼大睡了。这可苦坏了睡在他下铺的蔡文，浓郁的臭味钻入他的鼻孔，严重影响了他的休息。

有好几次，蔡文都忍不住想跟佟兵兵谈谈他的臭袜子问题，可佟兵兵偏又是个自尊心特强、心理特别敏感的人。蔡文怕这种谈话会损伤他的自尊，搞不好还会导致他们产生隔阂。

思考了一个晚上，第二天早上起床时，蔡文与同寝室的几位同学讲起了故事："昨晚我做了一个梦，梦见圣诞老人夜里来给我们寝室送礼物了。你们的袜子里都被装得满满当当的，唯独我和兵兵没有。我拉住圣诞老人不让他走，他却很生气地说，'你们床底下的袜子臭气熏天，我即使捏着鼻子把礼物放进去，但你们拿出来后不也变得臭不可闻了，这不是浪费嘛！'唉，你们说，这多不公平呀。"讲完了，大家开一通玩笑，然后继续上课去了。

当天晚上，"奇迹"发生了，只见佟兵兵打完球回到宿舍后，并没有像以往那样把袜子随便一脱、一扔，而是自动地走进水房，洗完袜子才上床睡觉。那晚，蔡文睡得别提有多香了。

成长启迪：

同学之间，性情、家境、喜好等各方面都有不同，这决定了有些同学对某些话题比较敏感，言语间稍不注意，都会伤及同学间的感情。针对这样情况，我们在说话时就不宜直言快语，"兜着圈子说"是不错的选择。

同住一室，不注意个人卫生会影响大家的生活。来自农村的佟兵兵经常在剧烈运动后把臭袜子随便扔在床下，搞得睡在下铺的蔡文苦不堪言。而他的性格又相对褊狭，于是蔡文选择了"兜着说"，借圣诞老人之口提出了自己对臭袜子的不满。言语之间，没有一句责备佟兵兵的话，却让佟兵兵意识到是在说自己。这样既顾全了同学的面子，又委婉地提出了自己的不满，说话良效尽显。

智慧心语：

恶言不出于口，忿言不反于身。

——《礼记》

用商量的语气借钱借物

　　某寄宿中学的初二学生程平，最近想报名参加晚间开设的英语强化班，但钱包早已"弹尽粮绝"了，于是他便向同室好友包春生借钱。他开口便说："听说你上周刚回家'补充弹药'去了？哥们手头紧得很，借我50块钱用用，没问题吧？"

　　包春生犹豫了一下，不置可否。程平急了："犹豫什么呀，怕我不还吗？爽快点吧！"

　　听他这么一说，本来有些犹豫的包春生反倒拿定了主意："我不爽快，你就找爽快的去借吧。"说完低头看书去了，把程平晾在一边。

　　无独有偶。三天后，张静涛也来向包春生借钱："今天晚上阿发过生日，我想给他送份生日礼物，还缺100块钱，不知你手头宽绰不宽绰，能不能救救急？"

　　包春生听了，二话没说就把钱借给了他。

　　向别人借东西是有求于人，求借者要摆正自己的位置，说话语气不要太硬，要用商量的语气。让对方感到你有求于他而且尊重他，他才肯帮忙。

　　只要言语得当，即使对方手头不便利，依然会伸出援手。

同学们在生活中难免会遇到困难，互相借钱、借物是常有的事。要想求助成功，彼此间的交情因素固然重要，然而如果说话不当，再亲密的朋友也可能让你吃闭门羹，怎样说才能求借成功呢？

首先，要态度适宜。同样是向包春生借钱，程平虽然只借50块钱，但由于说话语气居高临下、语气生硬，遭到了包春生的拒绝；张静涛语气谦恭，言明自己的难处与渴盼帮助的心理，虽然是借100块钱，仍然让包春生不忍拒绝，达到了顺利借钱的目的。

其次，要言明归还时间。所谓"好借好还，再借不难"。如果言明归还时间，让对方心里有数，无疑能够增大成功的几率。因为中学生是毫无经济来源的消费群体，有些同学只强调借不言明还，无形中会让对方感觉心里没底。有些同学只是说"过几天还""以后给你"，由于过于笼统，可信度就不强。

智慧心语：

保持友谊的最好办法就是任何事情也不假手于他，同时也不借钱给他。

——保罗

被拒绝时不说气话

一天中午,赵山找到团支书常晓萍,说:"常支书啊,我的手机正在充电,想借你的手机用一下,跟我的小学同学聊几句,可以吗?"

在班里,赵山有"话唠"之称,常晓萍知道他说起话来没完没了,借给他打的话肯定要费不少电话费。常晓萍想了想,委婉地拒绝了:"我们学校超市有电话吧,现在打电话的人很少,而且打电话很便宜哟。"

赵山感觉被拂了面子,生气地说:"哼,你真小气,还当团支书呢,境界太低!"常晓萍被弄得下不来台,对赵山的印象更加糟糕了。

没过多久,班里的贫困生李敏也过来向常晓萍借手机,想给她在外地打工的爸爸发一条短信。常晓萍考虑到刚拒绝赵山,现在再答应李敏,若被赵山知道了反倒加深误会,便因此婉言拒绝了李敏。

李敏善解人意地说:"噢,真不巧,不过没关系,我再到别的同学那里看看吧。你也别太为赵山生气。"

常晓萍听了这话难为情起来,她拉住李敏说:"不就是给你爸爸报个平安嘛,来,说一下你爸爸的号码,我帮你发。"说着掏出了手机……

向人借东西的时候，不能因为人家不借给你，就说出气愤或者不礼貌的话。这样，不但东西借不成，同学友谊也受影响。

同样是借手机被拒绝，赵山感觉自己很没面子，便生气地对常晓萍冷嘲热讽，下次他再向她求助，很有可能再吃一次闭门羹。李敏同样被拒绝，不但没有表示反感，还以通情达理的话语表示理解，反倒打动了对方。无论是向同学借钱还是借物，得体、恰当的话语才是求借成功的关键。

成长启迪！

智慧心语：

我们的骄傲多半基于我们的无知。

——莱辛

抚慰人的四种方法

中考成绩公布了,夏鑫没上重点线。一连几天,他茶饭不思,情绪陷入了"沼泽地"。三年来,夏鑫的全部希望都寄托在这次中考上。中考没上线,就意味着他不能如愿地升入重点高中,他觉得这辈子完了。看到夏鑫这么消沉,同学们纷纷前去安慰他、劝导他。

人的一生不可能一帆风顺,在我们的朋友遇到挫折的时候,该用什么样的语言去劝慰、开导他呢?

首先,我们可以选择类比法。类比法即以同类事物作对比,使受到打击的人因有同病相怜者的"陪伴"而趋于心理平衡。比如,劝慰夏鑫时可以这样说:"三班的王君,平常的成绩也是不错的,也和你一样,考场上没发挥好,比重点分数线差了十几分。他现在都不去想这件事了,他说没上重点高中虽然很遗憾,但是可以在普通高中继续努力啊,与其在这时候难过,不如攒些力气,上高中后加倍努力。我看他说得对,希望在前面,想开些,往前看吧。"

其次,还可以使用疏泄法。疏泄法就是采取方法疏导他将心中的悲伤、痛苦发泄出来,比如引导他诉说,或干脆让他痛哭一场。通过这样的发泄能让人压抑的情绪随着语言或泪水痛快地发泄出来,使人情绪通畅,心胸开阔,恢复活力。劝慰时可采取朴实真挚的话语,让对方在精神上有所依靠:"夏鑫,你这次没考好,我们也替你难过。我们知道你心里一定很难受,但是,你可不能因此折磨自己啊。有什么话你想说就说出来,想喊就喊出来吧!要是想哭,也哭出来好了。虽然说'男儿有泪不轻弹',那是未到伤心处。现在你这么难过,发泄一下,会好许多的。"

再次,安慰法也是不错的选择。安慰法就是通过温言柔语对对方进行心灵抚慰,使其感受到大家温暖的关怀,由此变得开朗起来。在开导时可以轻拍着对方的背,温和地说:"人这一辈子,谁还不有个磕磕碰碰的?你要想开些,让精神振作起来。你看,有这么多老师和同学关心着你,有

什么问题大家也都会帮你忙的。世上没有迈不过去的坎儿。"

最后，当对方过于悲观时，使用分析法最为有效。人在遭遇某种不幸的打击时，往往会对前景失去信心、陷入绝望。分析法通过对其不幸的辩证分析，使人从黑暗中看到光明，从绝望中捕捉到希望，摆脱心灵上的沮丧。根据夏鑫的问题我们可以这样说："一次考试失利，不意味着人生全盘皆输。你看，你理科欠缺，但你文科见长，将来上高中后选择文科，发挥自己的长项，一样能考上不错的大学。条条大路通罗马，只要扬长避短，发展机会有的是。"

成长启迪！

人生是一次漫长的旅程，要经历很多波折，才能达到梦想的地域。人受到挫折的时候，往往会深陷苦痛，甚至一蹶不振。在年轻时，由于阅历少，承受压力的能力差，遇到挫折更会觉得痛苦，需要朋友去开导、安慰。在安慰受到挫折的同学朋友时，要温柔和蔼，使人有心灵上的寄托；也要客观而实际，让他看到希望的光芒。抚慰一颗消沉的心，需要足够的温柔、耐心与智慧，这是对大家口才的考验，更是对大家爱心的考验。

智慧心语：

与人言，宜和气从容。气忿则不平，色厉则取怨。

——薛瑄

口才集训1
与人交流要将心比心

有些同学在跟人打招呼时，为了表示尊重，常说"您好""请教您一个问题"等。一个"您"字，使口气谦恭得体，起到了尊敬对方的作用。"您"字拆解开来，就是把"你"放在"心"上，我们可以悟出，与人交往，只有把对方放在心上，才能真诚而自然地流露出对对方的尊重，让自己获得友情，赢得快乐。

要想真正了解别人或得到别人的理解，就要学会站在别人的角度来看问题。在与他人交流时，要设身处地体验他人的处境，对他人情绪、情感具备感受力和理解力，才能将心比心地对对方做出恰当的应答或劝解。

*要以心贴心

所谓"贴心"，指主动关怀对方、倾听对方心声。贴心是获得对方信任的基础。在与人进行感情交流时这么做，对方会感受到一种温暖。没有谁不渴望有个贴心朋友，没有谁会拒绝贴心的人。

*要以心猜心

以心猜心是在朋友遇到烦恼或忧愁时，你能够推己及人，依照他的性格去猜度他的心思，从而说出对感情发展有益、对朋友有利的话来。

猜心应当是默默进行的，要表现得含而不露，自然得体。如果让对方察觉你是他"肚子里的蛔虫"，对他无所不知，他会有一种不安全感，给交往造成障碍。

❉要以心换心

与人交际，不是赤裸裸的物质交换，而是蕴涵着太多情感因素在内的情感交流。我们呼唤人与人之间要以心换心，就是要以一颗真诚、友善之心去碰撞对方的心，赢得心灵的回声。这是一种交际礼仪，也是获得友情的法宝。己之所欲，先施于人，得到的会是丰厚的收获。心与心之间的回应通常是相对的，你给他微笑，他会回报你一脸阳光；你给他真诚宽慰，他会回报你感激涕零。

相交满天下，知心能几人？这句诗写出了人们对"朋友易交，知己难寻"的矛盾心理。也许这只是一声慨叹，却道出了人际交往中不得不认真思考的真理。那就是要想赢得友情，获得尊重，就要有一颗同理心，把"你"（对方）放在"心"上。

口才集训2
凸显亮点，使良言更"靓"

一些人人缘很好，同学有什么喜乐烦忧都愿意跟他们交流，向他们倾诉。为什么呢？因为他们善于用甜美入耳的话语，从对方身上挖掘出许多亮点，把情绪低落的同学说得如沐春风，把不思进取的同学说得斗志昂扬，把"喜事临门"的同学说得心花怒放……

凸显对方身上的亮点，进行安慰、鼓励或赞美是一种技巧，可采用以下几种方法：

✱ 纵横对比法

想凸显某人的亮点时，可将其与自己或他人比较；与过去做法相比较；与假设的差劣方案相比较。每个人都有自己的闪光点，都有值得欣赏的地方，关键是你能否找到并凸显出这些亮点。

✱ 时空牵联法

用回顾、发展与着眼于现实的角度进行时空上的牵联，凸显亮点：回顾光荣历史；展望美好未来；定位于眼前行动。人都会有值得自豪的事情，找到对方曾经值得骄傲的事情，并予以真诚的鼓励和赞美，相当于用良言为他心灵深处洒一束光。

✱ 因果分析法

当你的朋友取得进步或成功时，可用分析因果的方法找到他的闪光处，在真诚的赞美中让他尝到胜利的喜悦。凡事有果总有因，当同学取得了成绩，获得了成功，大都与个人努力或客观条件分不开，这时候你定位于合

理的因果关系去凸显这些亮点进行赞美，正是对方最容易接受的。

　　俗话说得好，良言一句三冬暖。但如何把话说到对方心坎上，让良言更"靓"，需要你细心地在对方身上寻找亮点并真诚地予以安慰、鼓励或赞美。一番良言不但可以使对方心生愉悦，更有助于友谊顺利地发展。

8 演讲台上挥洒自如

留心他的掌心紧握一把锋利暗器
专把挤逼波音机活炸却又说声是错失
留心他的演讲表演出色表示爱国
知否他于演讲中在暗里贩卖武装是套装

——浮世绘《每一夜》

确定合适的演讲题目

下午放学后，某中学的张力在学校附近的公交站点等车。张力忽然发现教语文的任老师也在等车，便主动跟老师打招呼并攀谈起来。寒暄了几句后，任老师想起"课前三分钟演讲"的事，便问："后天就该轮到你演讲了，准备得怎么样啊？"

张力胸有成竹地说："老师，我正积极准备，我要'言人之未言'，做一个让人印象深刻的演讲！"

"好啊，要想做一次成功的演讲就应该这样。"任老师高兴地说，"对了，你演讲的题目是什么？"

"《论能源危机背景下，中学生改变出行方式的必要性》！"张力不假思索脱口而出。很显然，这个题目在他心中酝酿已久了。

"哦，这个题目啊？"任老师不由地皱了一下眉头。

"是啊，我要讲的是石油危机问题。现在全球正面临着前所未有的石油危机，而且已经给世界经济以及人们的日常生活带来了负面影响。作为中学生，我们也应该为应对能源危机做出力所能及的贡献。我呼吁同学们每周少坐一次车，甚至骑自行车上学。老师，您看行吗？"

"嗯，你的想法是好的，说明你是个有责任感的地球公民。《论能源危机背景下，中学生改变出行方式的必要性》，"任老师轻声复述了一遍题目，说，"但我感觉这个题目不是太合适啊。"

张力仰起脸望着老师，一副愿闻其详的表情。

公交车还没来，任老师开始讲如何给演讲起名："一篇演讲的题目好比人际交往中的'第一印象'，很重要。我觉得你这个演讲题目现在的问题是，与听众身份不符。你知道，我们是在班级内搞的课堂演讲，听众是

年龄不大的中学生。能源危机固然是影响全人类的事情，但由于文化水平、生活阅历以及对世界的认识等因素制约，同学们最为关心的还是关于成长、学习、理想等方面的内容。能源危机背景下的应对方式这么宏大而且深奥的题目，似乎并不能引起大家的浓厚兴趣。而且，学生每天上学放学时间那么紧张，坐汽车是最佳的出行方式。放弃坐公交车而选择骑自行车上学固然环保，可你想过我们班有许多住在东城的同学吗？要他们那么远骑自行车上学就不太符合客观实际吧？"

"其次，单从题目来讲，《论能源危机背景下，中学生改变出行方式的必要性》这么宏大的选题，似乎并非三分钟就能讲完的。要想讲透这个问题，恐怕得需要办一场大型讲座。这个题目太大，估计到时同学们一听到你报出这个题目，就会在心里打鼓，担心你讲不完。到时候你确实是'言人之未言'了，但演讲效果不一定会好。"

张力认可地点点头，说："老师，我没注意演讲题目还有这么多学问。我的这个题目还有别的问题吗？"

"还有一点，演讲的题目要适合自己的身份，不要不顾及身份乱选题目，否则会费力不讨好。《论能源危机背景下，中学生改变出行方式的必要性》这个题目似乎更适合教育、交通等行政部门的官员来讲。你是一名中学生，讲这个问题，会给人'小马拉大车'的滑稽感，说服力会大打折扣。你从身边小事讲起，号召大家节约能源或许更好一些。"

正说着，任老师在等的公交车开了过来。老师说："响鼓不用重槌敲，你是个聪明的学生，我说的这三点仅供你参考。"张力感激地向老师道了谢，并目送老师乘车离去。

三天后，张力在语文课上做了一堂生动的"课前三分钟演讲"，很受同学们欢迎，他做的演讲题目是——《勤俭节约我能行》。

成长启迪：

在一次成功的演讲中，演讲题目所占的份额虽然微乎其微，却关系着整场演讲的"面子问题"。听众了解你的演讲，最早就是由题目开始的。

演讲的题目要适合听众的实际，一看题目，听众觉得演讲的主题与自身没有多大的关系，自然没有心思认真听，影响到现场氛围。演讲题目的范围也不要过大，一个很大的题目会让听众产生误解，以为演讲者要讲述的问题非常长，提前产生倦怠心理。

此外，学生演讲要注意选择符合自己身份的题目。演讲重要的是说服力，大而空乏的话题，却与学生身份无关，听众就会质疑演讲者是在夸夸其谈，不认可你的演讲。

智慧心语：

言贵于有物，无物，非言也。

——魏了翁

使用典型材料

　　经过在班内选拔，萧海阳获得了代表班级参加学校演讲比赛的资格。不过，语文老师对萧海阳演讲的不足提出了看法，主要问题是，他的演讲中使用的材料不够典型，说服力不够强。老师希望他能抽周末时间再好好完善一下演讲稿。

　　周末，萧海阳带着演讲稿去看望在本市师院教演讲课的姑姑，顺便请她为自己开点演讲"小灶"。

　　姑姑仔仔细细将演讲稿看了两遍，说："你们老师说的有道理，你的演讲材料确实有几个地方不够典型，削弱了说服力。你知道什么叫'典型材料'吗？"

　　萧海阳懵懂地摇摇头。

　　"典型材料，指的就是具有代表性的材料。概括地讲有两点，一是这个材料能够紧扣主题且能深刻地揭示事物的本质；二是这个材料具有广泛代表性和强大说服力，选取其他材料而不选这个材料就有点可惜。那么如何做到演讲材料的典型性呢……"

　　萧海阳有备而来，一边认真聆听一边掏出他的MP3，把姑姑的话全部录了下来：

　　"任何材料都要为主题服务。一则材料之所以典型，就在于其能够充分、恰当地说明主题。如果所选材料做不到这一点，那么即使材料再丰富、再生动，也只能是旁逸斜枝，无说服力可言。

　　"比如你的这篇演讲，旨在呼吁同学们'珍惜时间，把握住大好青春时光'。你在其中使用了古今中外的五六则材料，多则多矣，但很多材料都与主题关系不大。比如'越王勾践卧薪尝胆'这个材料，越王勾践的反败为胜固然与他争分夺秒地勤学苦练有关，但这个材料更多的是在说一个人如何面对磨难，用它来说明你的主题，有些牵强了，这样的材料就是缺少典型性。

　　"要想使材料达到典型性的要求，要对被选取的材料进行深入的挖掘

和提炼，淘汰材料中的那些表面的、片面的成分，使材料更精粹、更能反映事物的本质和规律。

"比如，你在演讲中提到'中国新文化的主将鲁迅先生，十分珍惜时间，把别人喝咖啡的时间都用在工作上，在并不算长的一生中，给我们留下了浩瀚巨著。'你讲到这里，就接着讲另一个材料了，我觉得有点遗憾。因为你完全可以顺水推舟，结合中学生认识上的一些误区，进行更深一步的开掘。比如，你可以这样说：'时间是最公正的，它不会因为你的喜爱而延长，也不会因为你的厌恶而缩短。鲁迅先生的做法告诉我们，赢得了时间就是赢得了一切，抓住当下就是延长一个人的生命。'如此一来，使得材料折射出的问题深刻了，材料的典型性也被加强了，演讲的说服力自然会跟着'水涨船高'。

"此外，一叶可知秋，一斑可窥豹，选用材料在精不在多。有些人认为材料越充足就越典型，这是个不小的误区，因为二者之间没有必然联系。魏巍在写《谁是最可爱的人》之前，他的头脑里'有关这方面的材料是非常多的'，但最后他只选了三个最有代表性、最能表现主题的材料，其他一般化的材料都舍弃了。他就是遵循了'材料在精不在多'的选材原则，突出了材料的典型性。

"再回到你的演讲上来，你看，你除了选用上面提到的'越王勾践''鲁迅'外，还选用了'文学巨匠歌德视时间为自己的财产，仅3年时光就写出4部轰动文坛的杰作'、'爱因斯坦在公园等朋友时，也还在研究他的相对论'、'爱迪生在实验室里常常废寝忘食'等材料，这些材料虽然都跟'时间'有着千丝万缕的联系，但因为角度相同、身份相近等因素，就显得给人堆砌之感。你不妨去粗取精，选择其中一则将其说深说透，这样不但会强化材料的典型性，也会使得你的演讲精练许多。"

姑姑对萧海阳的演讲稿有理有据地评点，让萧海阳受益匪浅。他说："姑姑，没想到这材料的典型性还有这么多学问呢，我可真是长见识了。"

姑姑笑着说："是啊，这里面的学问可大了，刚才我只是针对你演讲稿里暴露出的问题谈的，其实还有许多细节呢，要是说全了，估计能写出一本小册子了。下次你来了，我们再从别的方面接着谈这个问题。"

午饭过后，萧海阳一边啃着姑姑塞给他的苹果，一边听着刚才的录音，兴高采烈地回家去了。

选择演讲材料要紧不要散、宜深不宜浅、在精不在多。材料的任务是服务主题，所谓紧，就是紧扣主题；散，就是游离主题。所以，选择的材料要尽力与主题靠拢，才不至于缺乏说服力。使用材料时要注意"宜深不宜浅"。深，即深刻、辩证；浅，就是流于肤浅，蜻蜓点水。充分发挥材料内涵，才能使该材料更具典型性。选用材料时，要本着精练、精彩的原则，讲求材料的质量，不要以多为标准。多，就是贪多求全，追求材料的数量。材料的数量与材料的说服力并不成正比。

智慧心语：

在一次演讲中不要期望得到太多，宁可牢牢地敲进一根钉子，也不要松松地按上几十个一拨即出的图钉。

——海茵兹·雷德曼

深化演讲主题

同学们在演讲时，经常会为深化演讲主题头痛。其实，使演讲由浅显走向深刻、由平庸走向精彩并不是什么难事。

万事万物都有着千丝万缕的联系。认识、分析事物不能孤立地进行，要从一方面联系到另一方面，全面考察。在演讲中，也可以从某一事件或现象出发，联系到另一类相关的事物和事理，如此进行引申，就可以深化演讲的主题。

一位同学在语文课的"课前三分钟演讲"中，做了"中学生也应懂孝道"的演讲，他说：

"'谁言寸草心，报得三春晖'这句诗大家都耳熟能详，但真正能深刻体悟又身体力行的有几人？昨晚睡前，我读了毕淑敏《孩子，我为什么打你》这篇文章，里面有这样一句话：'我几乎毫不犹豫地认为：每打你一次，我感到的痛楚都要比你更为久远而悠长。因为，重要的不是身累，而是心累……'读到这里，我仿佛一下子被什么东西触动了一下。

这篇文章让我想到我母亲曾经打我的经历，当时和事后我一直都在心里对这件事耿耿于怀。俗话说'打在儿身，痛在娘心'，我的母亲也一定如此吧，而我却只一味地强调自己的心理感受，从未认真思考过母亲当时的矛盾心理，我为此感到深深的惭愧。

所以，请同学们多与父母沟通，走进他们的心房，多站在他们的位置上思考问题。只有如此，才能以正确的心态面对父母的批评甚至斥责，才能以一颗感恩之心去理解和回报他们。"

这段演讲的亮点在于，这位同学以毕淑敏文章中描述的打孩子的心理轨迹，联想到了自己被母亲打的经历，再将目光移至当时母亲打自己的真实心理，体会到"打在儿身，痛在娘心"的深沉母爱，最后呼吁同学们正确对待父母的责骂和批评。演讲者由此及彼进行了联系和引申，并真实地诉说了自己内心的情感变化，既深化了主题，也赋予了演讲真挚的情感内

涵，值得借鉴。

有些材料看起来比较浅显，如果不经点破，听众也许就会停留在浅显的理解上。但演讲者若能独具慧眼，透过表面现象洞悉事物的本质，由浅入深地进行开掘，就能使演讲的主题得以深化。

深化主题是演讲艺术的一种重要技巧。用好这种技巧，不仅可以使演讲主题明确、深刻，而且能增强演讲的感召力、鼓动性和艺术魅力，化平庸为精彩。

成长启迪：

主题是演讲的灵魂。一篇演讲，即使材料扎实、论证有力，如果主题不够鲜明，也难以焕发出迷人的色彩。高明的演讲家，无不对深化演讲主题有着很高的造诣。对中学生来说，领会并掌握深化主题的技法是学习演讲时不可或缺的"基本功"。

智慧心语：

做演讲，不应以长度充数，而应以深度服众。

——孟德斯鸠

演讲结构要波澜起伏

1963年8月23日，马丁·路德·金在华盛顿林肯纪念堂发表了著名演讲《我有一个梦想》：

一百年前，一位伟大的美国人签署了解放黑奴宣言，今天我们就是站在他的灵魂安息处集会。这一庄严宣言犹如灯塔的光芒，给千百万在那摧残生命的不义之火中受煎熬的黑奴带来了希望。它之到来犹如欢乐的黎明，结束了束缚黑人的漫漫长夜。

然而一百年后的今天，我们必须正视黑人还没有得到自由这一悲惨的事实。一百年后的今天，在种族隔离的镣铐和种族歧视的枷锁下，黑人的生活备受压榨。一百年后的今天，黑人仍生活在物质充裕的海洋中一个穷困的孤岛上。一百年后的今天，黑人仍然萎缩在美国社会的角落里，并且意识到自己是故土家园中的流亡者。今天我们在这里集会，就是要把这种骇人听闻的情况公之于众。

就某种意义而言，今天我们是为了要求兑现诺言而汇集到我们国家的首都来的。我们共和国的缔造者草拟宪法和独立宣言的气壮山河的词句时，曾向每一个美国人许下了诺言，他们承诺给予所有的人以生存、自由和追求幸福的不可剥夺的权利。

就有色公民而论，美国显然没有实践她的诺言。美国没有履行这项神圣的义务，只是给黑人开了一张空头支票，支票上盖着"资金不足"的戳子后便退了回来。但是我们不相信正义的银行已经破产，我们不相信，在这个国家巨大的机会之库里已没有足够的储备。因此今天我们要求将支票兑现——这张支票将给予我们宝贵的自由和正义的保障。

我们来到这个圣地也是为了提醒美国，现在是非常急迫的时刻。现在决非奢谈冷静下来或服用渐进主义的镇静剂的时候。现在是实现民主的诺言时候。现在是从种族隔离的荒凉阴暗的深谷攀登种族平等的光明大道的时候，现在是向上帝所有的儿女开放机会之门的时候，现在是把我们的国

家从种族不平等的流沙中拯救出来，置于兄弟情谊的磐石上的时候。

如果美国忽视时间的迫切性和低估黑人的决心，那么，这对美国来说，将是致命伤。自由和平等的爽朗秋天如不到来，黑人义愤填膺的酷暑就不会过去。1963年并不意味着斗争的结束，而是开始。有人希望，黑人只要撒撒气就会满足；如果国家安之若素，毫无反应，这些人必会大失所望的。黑人得不到公民的权利，美国就不可能有安宁或平静，正义的光明的一天不到来，叛乱的旋风就将继续动摇这个国家的基础。

但是对于等候在正义之宫门口的心急如焚的人们，有些话我是必须说的。在争取合法地位的过程中，我们不要采取错误的做法。我们不要为了满足对自由的渴望而抱着敌对和仇恨之杯痛饮。我们斗争时必须永远举止得体，纪律严明。我们不能容许我们的具有崭新内容的抗议蜕变为暴力行动。我们要不断地升华到以精神力量对付物质力量的崇高境界中去。

现在黑人社会充满着了不起的新的战斗精神，但是不能因此而不信任所有的白人。因为我们的许多白人兄弟已经认识到，他们的命运与我们的命运是紧密相连的，他们今天参加游行集会就是明证。他们的自由与我们的自由是息息相关的。我们不能单独行动。

当我们行动时，我们必须保证向前进。我们不能倒退。现在有人问热心民权运动的人，"你们什么时候才能满足？"

只要黑人仍然遭受警察难以形容的野蛮迫害，我们就绝不会满足。

只要我们在外奔波而疲乏的身躯不能在公路旁的汽车旅馆和城里的旅馆找到住宿之所，我们就绝不会满足。

只要黑人的基本活动范围只是从少数民族聚居的小贫民区转移到大贫民区，我们就绝不会满足。

只要密西西比仍然有一个黑人不能参加选举，只要纽约有一个黑人认为他投票无济于事，我们就绝不会满足。

不！我们现在并不满足，我们将来也不满足，除非正义和公正犹如江海之波涛，汹涌澎湃，滚滚而来。

我并非没有注意到，参加今天集会的人中，有些受尽苦难和折磨，有些刚刚走出窄小的牢房，有些由于寻求自由，曾在居住地惨遭疯狂迫害的打击，并在警察暴行的旋风中摇摇欲坠。你们是人为痛苦的长期受难者。坚持下去吧，要坚决相信，忍受不应得的痛苦是一种赎罪。

让我们回到密西西比去，回到亚拉巴马去，回到南卡罗来纳去，回到佐治亚去，回到路易斯安那去，回到我们北方城市中的贫民区和少数民族居住区去，要心中有数，这种状况是能够也必将改变的。我们不要陷入绝望而不可自拔。

朋友们，今天我对你们说，在此时此刻，我们虽然遭受种种困难和挫折，我仍然有一个梦想，这个梦想是深深扎根于美国的梦想中的。

我梦想有一天，这个国家会站立起来，真正实现其信条的真谛："我们认为这些真理是不言而喻的，人人生而平等。"

我梦想有一天，在佐治亚的红山上，昔日奴隶的儿子将能够和昔日奴隶主的儿子坐在一起，共叙兄弟情谊。

我梦想有一天，甚至连密西西比州这个正义匿迹，压迫成风，如同沙漠般的地方，也将变成自由和正义的绿洲。

我梦想有一天、我的四个孩子将在一个不是以他们的肤色，而是以他们的品格优劣来评价他们的国度里生活。

我今天有一个梦想。我梦想有一天，亚拉巴马州能够有所转变，尽管该州州长现在仍然满口异议，反对联邦法令，但有朝一日，那里的黑人男孩和女孩将能与白人男孩和女孩情同骨肉，携手并进。

我今天有一个梦想。

我梦想有一天，幽谷上升，高山下降；坎坷曲折之路成坦途，圣光披露，满照人间。

这就是我们的希望。我怀着这种信念回到南方。有了这个信念，我们将能从绝望之岭劈出一块希望之石。有了这个信念，我们将能把这个国家刺耳的争吵声，改变成为一支洋溢手足之情的优美交响曲。

有了这个信念，我们将能一起工作，一起祈祷，一起斗争，一起坐牢，一起维护自由；因为我们知道，终有一天，我们是会自由的。

在自由到来的那一天，上帝的所有儿女们将以新的含义高唱这支歌："我的祖国，美丽的自由之乡，我为您歌唱。您是父辈逝去的地方，您是最初移民的骄傲，让自由之声响彻每个山冈。"

如果美国要成为一个伟大的国家，这个梦想必须实现。让自由之声从新罕布什尔州的巍峨的崇山峻岭响起来！让自由之声从纽约州的崇山峻岭响起来！"让自由之声从科罗拉多州冰雪覆盖的落基山响起来！让自由之

声从加利福尼亚州蜿蜒的群峰响起来！不仅如此，还要让自由之声从佐治亚州的石岭响起来！让自由之声从田纳西州的了望山响起来！让自由之声从密西西比的每一座丘陵响起来！让自由之声从每一片山坡响起来。

当我们让自由之声响起来，让自由之声从每一个大小村庄、每一个州和每一个城市响起来时，我们将能够加速这一天的到来，那时，上帝的所有儿女，黑人和白人，犹太教徒和非犹太教徒，耶稣教徒和天主教徒，都将手携手，合唱一首古老的黑人灵歌："终于自由啦！终于自由啦！感谢全能的上帝，我们终于自由啦！"

成长启迪！

马丁·路德·金接连使用大量排比，使演讲如弦紧绷，感情上亦一浪高过一浪，很好地调动了现场观众的情绪。

人们常说，文似看山不喜平，演讲也是如此。演讲会上，如果演讲者在结构上波澜起伏，善于"兴风作浪"，便能深深地吸引听众。同学们可以使用排比、设问等方式方法来避免结构上的平直呆板，使演讲波澜起伏，收到强烈的艺术效果。

智慧心语：

在要说一些事之前，有三件事要考虑：——方法、地点、时间。

——萨迪

与听众拉近心理距离

"这是个别开生面的会，只请了年满六十岁的政协委员参加。陈毅和彭真两位副主席例外，他们是'候补老人'。我也只有到今年才敢召开这个会，因为今年刚过六十岁。陈毅同志喜欢用《秋江》里的一句台词，说过了六十岁又是一个新花甲。老道理新解，很好嘛！"

这是敬爱的周总理五十年前在中国人民政治协商会议全国委员会举行的茶话会上的讲话。周总理的发言幽默风趣，符合在座的老一辈领导干部的心理特点，有效地缩短了彼此的心理距离，形成一个轻松、融洽的氛围。

幽默是一种人格魅力的显现。在演讲中使用幽默的语言，不仅可以彰显演讲者睿智和亲切的形象，还能活跃现场气氛。除了使用幽默的语言，在演讲中还可以用诚恳的态度、热情洋溢的语言赞美听众。这样做能表现友善的态度，使听众产生共鸣。

印尼前总统苏加诺访问中国，在广州青年为他举行的欢迎会上做了一段演讲：

"今天，我和大家见面，感到非常幸福。你们青年人是民族的希望、未来的建设者、未来的主人翁。青年人是多么幸福啊！印度有很多神话，其中有一个神话说到一棵神树，这棵树叫'愿望之树'，谁要是站到神树的下面，说出他的愿望，那么就能立即实现。假如我现在能够站到这棵神树下，来了一个神仙问我说：'喂，苏加诺，你想要什么？你有什么要求？'那我就要告诉他：'我希望恢复我的青春。'"

苏加诺热情洋溢地赞美了充满了朝气的青年，表达了自己对青年人、对他们所拥有的宝贵青春的美慕之情。这些诚挚的话语使青年听众们感到自我价值被认可，激发了他们的自信心和幸福感，也拉近了彼此的感情，增进了友谊。

另外，谦虚的人易于接近，演讲中如何恰当地表现自己的谦虚也是一门学问。演讲者应当明确意识到：演讲中的谦虚既是有涵养、有深度的表现，

同时也是博取听众好感，拉近与听众的距离的一种很好的方式。谦虚并不意味着不自信，而是顺应听众心理定势所确立的一种基本姿态。演讲者应当学会在听众面前保持真诚谦逊的态度。

演讲是演讲者与听众之间的一种心理互动，只有彼此的心理距离缩短了、拉近了，演讲才有可能获得成功。

懂得如何拉近与听众的距离，是演讲者的基本素质。一个高傲的、凌驾于听众之上的演讲者，语言技巧再高明也无法博得听众的好感，你所要传达的思想、理念自然没有人乐意关注。这样的演讲，必然是失败的演讲。

智慧心语：

为了强调某个重要的观点，身体挪动能缩短你和听众之间的距离。当你和听众间的距离缩短时，较大的亲密感就随之而产生了。

——约翰·哈斯

口才集训/
好演讲有好立意

一个人如果没有了灵魂，充其量是一堆没有价值的躯体；而演讲若没有主题，犹如人没有灵魂。演讲要想做好灵魂的统帅，就必须在"立意"上下功夫。想有好的立意，需要把握三点：

✳ 立意要正确

演讲是一种旨在传播真理的信息交流活动，演讲成功与否，首先取决于是否有一个正确的中心思想。立意正确，也就是确立正确的思想观点，演讲目的要健康。演讲者要表达积极向上的情感，能给听众以教育和启发。如果立意不健康、不正确，演讲也就失去了价值。

✳ 立意要深刻

演讲要有自己的观点与看法，这就要求演讲者对事物要有敏锐的洞察力。唯有如此，才会立意深远而精妙，用自己独到的见地对听众施加影响。

立意深刻，就是一下子抓住问题实质，完成演讲者对事物认识的由表及里，由浅入深的思想飞跃过程。如果只是在表面现象上做文章，就事论事地议论一番，无法体现主题鲜明的个性，演讲内容也会流于空洞平淡。

✳ 立意要新颖

我们所指的主题新颖，就是主题有新意、有创新。如果演讲的主题一味照搬引用别人的，听众得不到新知识和启迪，怎能不感到索然无味。立意新颖，演讲才吸引人，鼓舞人，耐人寻味。

　　"意"是演讲的"主心骨"，是一篇演讲辞的灵魂，清代学者王夫之说："意犹帅也；无帅之兵，谓之乌合之众。"这里的"意"，就是指文章的中心思想或主题。演讲者在他的演讲里，总要表明自己的主张和态度，提倡什么，反对什么，歌颂什么，鞭挞什么等，这就是我们所说的演讲的主题。

　　写演讲稿要"工于炼意""巧于立意"。演讲的主题，犹如军队的统帅，军队有了统帅，才能整齐划一地行动，要么静如山林，要么动如海啸，进可以攻，退可以守。没有统帅的军队，就是一群乌合之众，自然也就谈不上战斗力。演讲如果立意不当，就等于三军没有了统帅，那么，材料的取舍、结构的安排、语言的使用、情感的浓淡也就无从把握了。

口才集训2
演讲中的四种过渡技巧

在演讲中，演讲者不可能就一点内容不停地讲下去，内容要转换和变化，需要演讲者掌握过渡的技巧。

所谓过渡，就是在两层意思或两段之间承上启下，前后衔接。在演讲中善用、巧用过渡，不仅可以把各部分内容自然、紧密地连接起来，也会使整篇演讲文气贯通，顺畅自然。

演讲过渡的技巧有很多，常见的有以下几种：

✳ 常语过渡

所谓常语过渡，就是演讲者用拉家常式的语言进行由议入叙或由叙入议的变换，从而实现内容、主题或形式的过渡。这种方法通常会给人自然、朴实、亲切的感觉。

✳ 名言警句过渡

名言警句是名人或前人总结出来的经验教训，浓缩着一个人的思想精华，凝结着作者对人生以及生活的深刻颖悟，具有高度概括力和哲理性。在演讲中，使用名言警句进行过渡，就像为演讲镶嵌上了一颗璀璨夺目的哲理珍珠，能使演讲者的观点更加有说服力，表现形式也更加丰满。

✳ 问语过渡

在演讲中，为了吸引听众注意力，调动听众情绪，常常可以使用提问的方式进行过渡，比如使用疑问、设问、反问等修辞手法。用一个问句提出问题后，完成了话题上的转换、过渡，演讲者便可在接下来的演讲段落

中深刻论述自己提出的这个问题。

　　使用问语进行演讲过渡，形式上可以增强演讲的灵活性，内容上可以增强演讲的生动性，主题上可以深化演讲的深刻性，一举三得。

＊ 排比过渡

　　排比过渡，指用排比段做演讲各层或各段的开首句或结束句，构成层次或段落间的排比，由排比句替代内容的过渡。这样可以使演讲内容更加集中完整，充实饱满，也可以收到论证严密、观点严谨的效果，使演讲浑然一体，水到渠成。

　　演讲中进行过渡的方法还有很多，比如幽默过渡，抒情、议论过渡等。不管使用哪种方法，在过渡时要过渡得巧妙自然为佳，不能乱过渡，否则会使演讲主题不突出，内容不集中。

⑨ 校园讲台：
未来演说家的试炼场

And now I am standing here.
  （然而此刻我站在这里）
My heart's so full I can't explain.
  （心中充满难以表达的激情）
Seeking faith speaking words.
  （寻求信仰和勇敢的演讲）
I never thought i'd say.
  （说我从未曾说过的话）

——mariah carey,whitne《When you believe》

谨防即兴不成反扫兴

各种特定场合有各种不同的现场气氛，或庄重，或轻松，或喜庆，或悲伤。即兴演讲的感情基调与现场气氛应和谐一致，才能使听众产生好感。反之，则会大煞风景，使人难堪。

在生日聚会上，一位同学向"小寿星"致辞，他讲道：

"今天是小亮的生日，我们在这里欢聚一堂，非常快乐。但大家有没有想到，在汶川地震灾区，伤亡、损失最严重的就是中小学校园，今天，也肯定是其中一些同学的生日。但此时此刻，他们有的正沉睡在废墟下，把生命永远定格；有的也许正躲在临时搭建的帐篷里，没有生日蛋糕，也不会有悦耳的"生日快乐"歌，因为他们的亲人刚刚离开他们，他们成了孤儿……"

这番即兴演讲饱含深情，也极为煽情，但并不成功，因为演讲者没有注意把握住现场气氛。生日聚会本该讲些轻松、快乐的话题，让大家感受到成长的快乐，而这位演讲者却讲起了地震、死亡，破坏了气氛，也败坏了大家的心情，不合时宜。

在各种场合的即兴演讲中，有时听众的构成较单一，有时则较为复杂。这就要求演讲者在即兴演讲时要了解对象，避免因讲得片面，迎合了一些人却无形中得罪了另一些人。还要避免涉及听众之间争持不下的问题，否则容易显得你有意偏袒或观点片面。

一位班长在每周五例行的班会上，向全班同学作了一番关于班级纪律的即兴演讲，他说：

"这段时间以来，经过全体班干部的共同努力，使得我们班的班级纪律获得很大改观，受到了学校政教处的高度赞扬。这项成绩的取得，是与六名班干部团结一致、处处起模范带头作用分不开的，他们真抓实干，功不可没！比如，团支部书记……"

班长话还没讲完，就遭到了台下同学的一阵嘘声，他尴尬地无法再讲

下去。班长之所以遭遇尴尬，原因在于，他作为一班之长，在班会上把班级纪律改观的成绩仅仅归功于班干部，而对其他同学的表现只字不提。这样一来，本末倒置，挫伤了同学们的积极性。毋庸置疑，以上是一场失败的即兴演讲。

在作即兴演讲时，如果是因事而发，需要把握住这件事的实质性意义。事情本身的意义牵涉到演讲的主题、情感等方面的大致范围。不注意这些，演讲就容易偏题，或者演讲内容打击了观众的情绪，导致演讲失败。

成长启迪！

同学们在作即兴演讲时，要把握好现场气氛、听众情况、事情实质。只有如此，演讲思路才会有一个明确的方向；演讲者也容易抓住头绪，侃侃而谈。切不可抱着为演讲而演讲的态度，不看清现场状况就信口开河。一个不成功的即兴演讲，不仅会搅乱现场的气氛，还会使听众对演讲者的水平及其看待事物的态度产生怀疑。

智慧心语：

身登演讲台，其所具风度姿态，即须使全场有肃穆起敬之心；开口讲演，举动格式又须使听者有安静性和之气，最忌轻佻作态。

——孙中山

找到生动新鲜的切入点

即兴演讲通常是在准备时间很短或几乎没有时间准备的情况下进行的，从演讲现场寻找话题，迅速选择和确定演讲主题，组织演讲材料，既而娓娓道来。所以说，即兴演讲对演讲者能力和水平要求极高。

演讲者可以从演讲现场发掘话题。例如，同学们总是出于一定的目的、在特定的时间和地点聚会。这时候，演讲者可以借助现场场景借题发挥。

植树节前夕，某中学组织全校师生到学校后面的山上植树。高二（1）班的班长孙明带领本班同学来到指定地点，然后开始动员讲话：

"同学们请看，虽然这座山名字叫做'凤凰山'，可是，放眼望去光秃秃的，高过五米的树屈指可数。人们常说，栽得梧桐树，引来金凤凰，这座荒山却是名不副实。如果高山有知，一定会为人们给它取的这个名字而汗颜！

"今天，咱们来到这里进行植树活动，为的就是给这只凤凰插上光鲜的羽毛，为这座有着美丽名字的荒山装扮出名副其实的模样……"

孙明从光秃秃的荒山入题，以凤凰山美丽的名字与其贫瘠的地貌作对比，激发同学们植树造林的使命感，把演讲主题表现得淋漓尽致，生动传神。

此外，同学们在进行即兴演讲时，可以将听众的心理状况，听众的构成成分，如籍贯、职业、年龄、性别、文化水准等，作为演讲的话题。

即兴演讲是对演讲者素质要求较高的演讲。要求演讲者不仅口齿伶俐，还要眼灵、耳灵，能从演讲现场的形势出发，为自己的演讲寻找一个精彩、新鲜、符合情境的切入点。

在即兴演讲中发掘话题，看似是在考验演讲者的机智，其实也是对演讲者基本功的考验。演讲者在平时的训练中，要多锻炼自己的临场感，不时为自己设置实地场景，进行即兴演讲的训练。只有这样，到了真正演讲时才不至于慌了手脚，不知如何开口。

智慧心语：

发言须句句有着落方好。人于忙处，言或妄发，所以有悔。

——薛瑄

用谦虚提升魅力

实验二中初三（7）班的班长张岩平时工作中认真负责，胆大心细。在他的带领下，（7）班在初三的上学期获得了学校"优秀班集体"的荣誉，而他本人也被评为校园"十佳班干部"。面对这些荣誉，张岩并没有沾沾自喜，而是在获奖感言中如是说道：

"这不是我的功劳，是大家的功劳。我们班的56名同学是从初一开学就在一起的，我们始终相信：团结就是力量。所以，在过去的日子里，每一位同学都在自觉地为班级荣誉而严格要求自己。在日常工作中，我也曾遇到过许多的困难和挫折，但是在同学们的支持与配合下，这些困难都被克服了，所以，我们的班级才取得了今天的成绩。这一切，都是全班同学共同努力的结果。"

面对集体荣誉的取得，作为班长的张岩同学自然是功不可没，但他没有独揽功劳，而是强调自身荣誉的取得离不开同学对他的支持与配合。这样一来，同学们不但会为他的个人成绩所折服，而且会对他的品德修养产生深深的敬意。

一个好汉三个帮，谁都不可能在孤立无援的情况下获得成功。演讲者与他人分享自己的成功，可以给他人留下谦逊、易于接近的印象。不仅如此，给予那些帮助过你的人以赞扬，会令这些人感到欣慰与满足，日后他们还会因此而给予你更多的支持和帮助。

另外，演讲者还可以在演讲中进行适当的自我贬低，以此来显示自身谦恭和虚心。不过，自我贬低并非是自暴自弃。演讲者在演讲过程中适度地贬低自己，既会给人留下谦逊温和的印象，又能显示出自己的水平与信心。当然，自贬不是过谦，它没有过谦的严肃，而更多的是自我调侃，以缓和演讲氛围的严肃感。

谦虚是中华民族优良的传统美德，有能力、有才华而又谦逊的人更容易博得大家的好感。在演讲中恰当地表现谦虚，有助于听众与演讲者产生相容心理，能够提升演讲者的个人形象，增强演讲者的魅力。

演讲中如何恰当地表现谦虚是一门学问。自吹自擂、好大喜功的演讲者通常会让听众产生反感。在中国人的观念中，历来存在着注重集体的趋向，尤其不能容忍过分张扬自己而忽略集体的言行。所以，当演讲者谈到自身取得的成绩或荣誉时，一定要摆正心态，放低姿态，不要过分夸大个人的作用。

智慧心语：

九牛一毫莫自夸，骄傲自满必翻车。历览古今多少事，成由谦逊败由奢。

——陈毅

用"自己人效应"激发共鸣

英国首相丘吉尔在第二次世界大战期间，对美国作圣诞演说时曾这样讲道：

"我今天虽然远离家庭和祖国，在这里过节，但我一点也没有身处异乡的感觉。我不知道这是由于本人的母亲血统和你们相同，抑或是由于本人多年来在此所得的友谊所致……在美国的中心和最高权力的所在地，我根本不觉得自己是个外来者，我们的人民讲着共同的语言，有着同样的宗教信仰，还在很大程度上追求着同样的理想。我所能感觉到的是一种和谐的兄弟间亲密无间的气氛……"

丘吉尔从友谊、情感等角度道出了"我们""本人的母亲血统和你们相同""一种和谐的兄弟间亲密无间的气氛"等词汇和语言，这样的演讲辞激发了听众强烈的共鸣，所以获得了成功。这次演说因此成为了演讲史上的经典案例。除了丘吉尔以外，演说高手林肯也有类似的精彩发言。

林肯出身于一个平民家庭，在参加总统竞选时，一个非常富有的竞争对手曾对林肯贫寒的出身进行攻击。而林肯是这样在演讲中应对的：

"有人问我有多少财产。我告诉大家，我有一位妻子和一个儿子，他们都是无价之宝。此外，我租了一个办公室，室内有一张桌子，三把椅子，墙角还有一个大书架，架上的书值得每个人一读。我本人既高又瘦，脸蛋很长，不会发福。我实在没有什么可依靠的，唯一可依靠的就是你们。"

这番话是林肯对"有多少资产"的答复，他的最后一句话"我实在没有什么可依靠的，唯一可依靠的就是你们"，就是利用了"自己人效应"来传情达意，以暗示人们："你们是我唯一的财富，我离不开你们。"选民们听了此话之后，自然会体验到林肯热爱民众的深厚情感。

　　演讲的听众各式各样。所以，在听演讲的态度上，有人愿意听，有人则持无所谓态度，也有人不愿意听的。在对演讲观点、感情的接受程度上，有人极力赞同，有人将信将疑，也有人抵触、反对。要想消除听众的逆反心理，让人们接受你的观点，需要引发听众共鸣。

　　要引发听众共鸣，需要找到与听众心灵相触的接点。这种方法听起来复杂，其实并不难办到，演讲者的情感、地位、目的、经历等都能引起听众的共鸣。

智慧心语：

　　如果你要使别人喜欢你，如果你想他人对你产生兴趣，你需注意的一点是：谈论别人感兴趣的事。

——卡耐基

演讲尽量选择真实事例

　　李小双是我国著名的体操运动员，曾多次获得世界冠军。李小双在演讲《把辉煌留在昨天》中，讲述了自己生活的真实经历，深深地打动了听众：

　　"……记得我7岁的时候，在县体操队'压柔软'不得法，丁霞鹏教练就将一百多斤的体重压在我的腿上，疼得我大汗淋漓，我就是咬牙不叫苦、不掉泪，这样我就闯过了柔软关。县体操队条件差，护掌不配套，我就光手在单杠上摇摆，一两次还行，百次千次就不行了，我的两只手掌的皮全磨掉了，血糊糊的，单杠上都沾上了嫩皮和血，我还是不停地练。大家都知道，学习好比逆水行舟，一篙松劲退千寻。体操也是如此，贵在坚持苦练，一点小伤小困难就停止训练，怎么能进步呢？

　　"我进国家队是很困难的，到了国家队，进'冠军组'就更难了，我是在五缺一的情况下，被勉强拉入'冠军组'试试的。进了'冠军组'，我才知道它的厉害。国家队的'冠军组'，是要到世界上拿冠军的，那运动量，那压力之大，就可想而知了。进冠军组后，黄玉斌教练说我的动作不大细腻，必须重新规范动作，这就好比重新蒸熟一锅夹生饭。又要矫正原来的缺陷，又要学新的动作，其运动量之大、训练要求之严，真是前所未有的。我当时确实是吃不消，便私下向黄教练求情，希望他悠着点。但黄教练说：'不行！你想不想当冠军？'想！做梦都想。我就是想拿世界冠军。于是我拼命地练，所以大家都叫我和大双是"拼命三郎"。有时练晚了，食堂关门了，我随便买点什么填填肚皮。运动员的生活也是比较艰苦的，并不像人们想象的满足营养呀、科学的食谱呀。我们国家还很穷，还没有那么好的条件。到北京亚运会前，我的成绩就很不错了，但由于缺乏临场经验，我在比赛中失手跌落，肘部受伤。我忍着创痛从容上马，终于在亚运会上两次夺得了冠军。

　　"当然，冠军不是你想拿就能拿的。你只有平时刻苦训练，顽强拼搏，掌握过硬的本领，等待机遇。否则，总是埋怨这、埋怨那，不好好训练，

即使机会来了，你也会因本领不过硬而错过成功的机遇。人生如赛场，赛场是无情的，你差了，就会被甩在后面。你平时怕多流一滴汗，怕多吃一点苦，结果比赛拿不到名次，所有的汗水都付诸东流了。所以我说，我们每块金牌都是来之不易的。一个人的目标越高，付出的汗水就越多，困难就越多。我得了亚洲冠军，还想得世界冠军。那时的意志和胃口也就好比《西游记》里的"统天袋"，有多少"统"多少，一切困难也就不在话下了。别人能做到的，我也要做到，别人不能做到的，我还是要做到！我以为一个人就是要有这样的英雄气概！亚运会后，我恳求黄教练，学自由体操"团身后空翻三周"，也就是我在巴塞罗那奥运会拿冠军的那个空翻。这个动作确实很难，一个人平地起跳 3 米高，团身后空翻三圈，还要落地时稳稳的，这是目前世界上最难的一个动作。我在测试的时候就失手了，脚没落地，头却落了地，摔成了轻微脑震荡。还练不练？练！怕什么，失败了再来嘛！那时，我的头还没好，碰上日本举行体育节，教练要我休息，我非去不可。比赛双杠时，我的手心一块三四厘米见方的皮被杠子撕开了，医生要打麻药缝，我干脆让医生剪下了那块皮。后来我还拿了一块金牌。你看，我要是养伤，怕痛，金牌能飞来吗？得金牌是幸运的，得金牌的道路却是艰辛的、曲折的……"

成长启迪！

　　演讲者在选择事例时，尽量选择真实的事例，因为，真实才有公信力。为了使听众感到真实，事例应做到适度具体，必要时可以说明时间、地点、人物等详细情况，从而增加可信度。此外，真实事例很多，但是也不可事无巨细地罗列，选取典型事例讲述即可。真实的事例配以生动的讲述，会增强演讲的感染力，引发听众强烈的共鸣。

智慧心语：

难听的实话胜过动听的谎言。

——尤里·邦达列夫

用铿锵的语句增强说服力

美国革命时期杰出的演说家、政治家帕特里克·亨利的演讲《不自由，毋宁死》铿锵有力、掷地有声，在美国革命文献史上占有重要且特殊的地位：

"我只有一盏指路明灯，那就是经验之灯。除了过去的经验，我没有什么别的方法或依据可以判断未来。而根据过去的经验，我倒希望知道，10年来英国政府的所作所为，凭什么足以使各位先生有理由满怀希望，并欣然用来安慰自己和议会？难道就是他们最近接受我们请愿时露出的那种狡诈微笑吗？不要相信这种微笑，先生们，事实已经证明，它是你们脚边的陷阱。不要被人家的亲吻出卖吧！请你们自问，英国政府接受我们请愿时的和气亲善和遍布我们海陆疆域的大规模备战如何能够相称？难道对我们的爱护与表示和解，是需要动用战舰和军队的吗？难道我们流露过决不和解的愿望，以至他们为了赢回我们的爱，而必须对我们诉诸武力吗？我们不要再欺骗自己了，先生们。这些都是战争和征服的工具，是国王采取的最后辩论手段。我要请问先生们，这些战争部署如果不是为了迫使我们就范，那又意味着什么？哪位先生能够指出有其他动机？难道在世界的这一角，还有别的敌人值得大不列颠如此兴师动众，集结起庞大的海陆武装吗？不，先生们，除了我们，大不列颠没有任何敌人了。一切都是针对我们的，而不是别人。海陆武装队伍是被派来给我们套紧那条由英国政府长期以来铸造的锁链的。我们应该如何进行抵抗呢？还靠辩论吗？先生，我们已经辩论了10年了。难道还有什么新的御敌之策吗？没有了。我们已经从各方面经过了考虑，但一切都是枉然。难道我们还要苦苦哀告、卑词乞求吗？难道我们还有什么更好的策略没有使用过吗？

"先生，我请求你们，千万不要再自欺欺人了。为了阻止这场即将来临的风暴，一切该做的都已经做了。我们请愿过，我们抗议过，我们哀求过。我们曾拜倒在英王御座前，恳求他制止国会和内阁的残暴行径。可是，我们的请愿受到蔑视，我们的抗议反而招致更多的镇压和侮辱，我们的哀求

被置之不理，我们被轻蔑地从御座边一脚踢开了。事到如今，我们怎么还能沉迷于虚无缥缈的和平希望之中呢？没有任何希望了。假如我们想获得自由，并维护我们长期以来为之献身的崇高权利，假如我们不愿彻底放弃我们多年来的斗争，不获全胜，决不收兵。那么，我们就必须战斗！我再重复一遍，我们必须战斗！我们只有诉诸武力，只有求助于万军之主的上帝。

　　"议长先生，他们说我们太弱小了，无法抵御如此强大的敌人。但是我们何时才能强大起来？是下周，还是明年？难道要等到我们被彻底解除武装，家家户户都驻扎英国士兵的时候？难道我们犹豫迟疑、无所作为就能积聚起力量吗？难道我们高枕而卧，抱着虚幻的希望，待到敌人捆住了我们的手脚，我们就能找到有效的御敌之策了吗？

　　"先生们，只要我们能妥善地利用自然之神赐予我们的力量，我们就不弱小。一旦300万人民为了神圣的自由事业，在自己的国土上武装起来，那么，任何敌人都无法战胜我们。此外，我们并非孤军作战，公正的上帝主宰着各国的命运，他将号召朋友们为我们而战。

　　"先生们，战争的胜利并非只属于强者。它将属于那些机警、主动和勇敢的人。何况我们已经别无选择。即使我们没有骨气，想退出战斗，也为时已晚。退路已经切断，除非甘受屈辱和奴役；囚禁我们的枷锁已经铸成，叮铛的镣铐声已经在波士顿草原上回响。战争已经无可避免——让它来吧！我重复一遍，先生，让它来吧！企图使事态得到缓和是徒劳的。各位先生可以高喊：和平！和平！但根本不存在和平。战争实际上已经打响。从北方刮来的风暴将把武器的铿锵回响传到我们耳中。我们的弟兄已经奔赴战场，我们为什么还要站在这里袖手旁观呢？先生们想要做什么？会得到什么？难道生命就这么可贵，和平就这么甜蜜，竟值得以镣铐和被奴役作为代价？全能的上帝啊，制止贪图虚假和平的人吧！我不知道别人会如何行事；至于我，不自由，毋宁死！"

从声音效果来说，所谓有力，是要吐词清晰，声音洪亮，气息有爆发力；从表达方式上看，有力，是要每个词、每句话都切中肯綮，引起听众对演讲者所讲内容的重视。

说话有力的人一般都被视为更可信、更有吸引力和更有说服力的代表。演讲者把话说得有力，就能加深听众对演讲内容的理解和认识，并使听众按照演讲者的思路探求下去。

智慧心语：

人类天生就是这样的，只要你说话的时候神气十足像个主宰者，就有人服从你。

——阿瑟

增强演讲的"控制力"

　　某班班长兼语文课代表周利在"课前三分钟演讲"环节中，结合自己的心得体会发表了《做好"课前三分钟演讲"并不难》的演讲。在演讲主体部分，他巧妙地设置了一个悬念，将同学们的情绪很好地调动了起来。他说：

　　"……有些同学常在课下这样问我：每次轮到你做课前三分钟演讲时，你都是口若悬河、侃侃而谈，讲得既精彩又吸引人。你觉得在准备演讲稿时，是长篇大论好，还是短小精悍好？哪种对听众更有吸引力呢？"

　　周利同学顿了顿，故意卖了个关子，并没有做正面回答，而是讲出了一个看似与问题无关的事情。他说：

　　"让我讲个与美国著名作家马克·吐温有关的趣事吧：

　　"有一个礼拜天，马克·吐温到教堂去，正逢一个非洲传教士在那里讲述非洲苦难的生活，请求捐助。当他讲了5分钟，马克·吐温决定捐助50美元；当他接着又讲了10分钟，马克·吐温决定将捐助的钱款数目减至25美元；当他继续讲了半小时，马克·吐温已在心里将捐款减至5美元；最后，他又讲了一小时，拿起钵子向听众哀求捐助，并从马克·吐温面前走过时，马克·吐温却反而动了从他钵子里拿走两美元的念头……当然，这只是一件轶事。这件与马克·吐温有关的轶事能让我们从中找到演讲时间控制的答案……"

　　周利在演讲中插入马克·吐温的故事，让听众感觉很意外。他的做法是在演讲的主体部分制造出悬念，从而引起了听众的重视和深思。而且他引述的这个故事看似与演讲主题无关，却巧妙地回答了同学的问题，又增强了演讲的艺术感染力，同时，也凸显了他对听众思维的"控制力"。

　　要增强对观众的"控制力"，还可以在演讲结尾下功夫。强有力的结尾能拨动听众的每一根神经，引发听众心灵深处的共鸣。

　　"亲爱的同学们，一味地徘徊、彷徨，一味地哀叹、烦恼，并不等于思考、

探索、前进，更不是成熟的标志。我们不能让生命在电脑游戏中消磨，也不能让青春在蹉跎中消逝，更不能让斗志在空想中瓦解，而应当在努力进取，锲而不舍地实现自己的人生价值。

"生命可能腐朽，也可能燃烧。我们不愿腐朽，让我们燃烧起来吧！"

这是一篇题为《人生的价值何在》的演讲稿结尾。演讲者在演讲即将结束时，运用一些感情色彩浓郁、具有强烈感染力和鼓动性的句子激励听众，从而对听众思想及行动产生一定的"控制力"，促使听众行动起来。

成长启迪：

演讲活动是由演讲者和听众这两个方面构成的。听众对演讲的反应如何，是决定演讲成功与否的根本依据。好的演讲对听众要有"控制力"。这种对听众的"控制力"就是使听众能始终集中注意力，保持情绪高度兴奋，感情被调动起来，并付诸行动。如我们所熟知的鲁迅先生，他的演讲能够"在几分钟之内，就掌握了群众的思想"，"使听众如饮醇醴，如服清凉散"，正是因为他深谙如何运用演讲的"控制力"。

智慧心语：

只要你说话有权威，即使是撒谎，人家也信你。

——契诃夫

忘词之时快转话题

前不久，学校举行了一场名为"美丽的青春"的主题演讲比赛。王天阳同学报名参赛，但结果很不理想。

在比赛之前，王天阳已经把演讲稿背得滚瓜烂熟，但是在比赛当天上台时，他心里仍十分忐忑：万一自己忘词了可怎么办？多丢人！

当主持人报出王天阳的名字后，他离座上台，瞬时感觉后背发凉。这是他第一次在这么多人的面前公开发表讲话，他感觉心跳骤然加快。

王天阳站定以后，迅速扫了一眼台的听众，发现无数双眼睛正齐刷刷地看着自己。天啊，这么多人！他倒吸一口凉气，同时在心里告诉自己：胜败在此一举，讲吧！

"亲爱的同学们——"他的第一句话在寂静的会场响开。他的声音通过麦克风传出去，连他自己也感觉陌生。由于心跳加快，他的呼吸急促，脑海有些混乱，不知如何是好，只得硬着头皮将演讲稿背下去。

在此后的演讲中，王天阳的语速越来越快，几乎控制不住了。在讲到一句"他可不是省油的灯"时，因为紧张，王天阳竟然讲成了"他可不是省灯的油"！一瞬间，王天阳的脸红了，深感难为情。他沮丧地致歉："抱歉，我讲错了，应该是……"

由于紧张和口误是他所没有预想的，他的思维已经完全混乱。再往下讲的时候，他的脑海竟然像被海水席卷过的沙滩一样空荡荡的。根本记不住词了！这可如何是好？终于，王天阳绝望了，只得草草结尾，背着"失败"的心理阴影，沮丧地走下了台。

其实，遭遇演讲忘词是很正常的现象。演讲忘词也并没有大家想的那么可怕，我们可以采取一些技巧避免陷入忘词的窘境。

忘词往往是由于暂时性遗忘造成的，这种遗忘点，就是我们记忆中所谓的"盲点"。一旦出现记忆"盲点"，不必同它周旋，明智的办法是跳过去，继续讲后面的内容。这样做，也许会令听众感到一些不连贯，但不会从根

本上损坏听众对演讲的整体印象。

还有一种方法就是插入即兴演说。忘词后，观察一下现场和听众，即兴插说几句无伤大雅的话。比如，可以说："我想，在座的各位也许就有人经历过这样的事，有着与我相同的感受。"即兴插说，实际上就是现场交流。它很有可能就会成为你解脱"卡壳"的契机：一来能为你调节思维赢得宝贵时间；二来，也许听众的某一句话会成为你想起演讲下文的最好提示。

第三种方法是，忘词时变换角度。比如，在谈学习上成功的经验时卡住了，就说一说学习中的教训，也同样会给听众以启发；在举他人的例子来阐述道理时忘词了，不妨谈谈自己的人生经历和感受，一样可以突出主题。

成长启迪！

对于大多演讲经验并不丰富的中学生来讲，在演讲时因忘词而"卡壳"的现象屡见不鲜。在这种情况下，如果不能及时有效地续接演讲，就可能使自己的发言陷入无法摆脱的窘境。

在上台前，一定要使自己的情绪稳定下来，保持平和的心态，才能有好的现场发挥。演讲时亦要一心一意，不要心猿意马，忘了接下来要讲的话。一旦出现了错误，应随机应变，避免"越描越黑"。

智慧心语：

"急不择言"的病源，并不在没有想的工夫，而在有工夫的时候没有想。

——鲁迅

口才集训／
演讲出新的"六字诀"

求新是人们的共同心理。就一场演讲而言，拥有越新颖的理念、越鲜活的语言、越新鲜的材料，演讲就越能吸引听众。怎么能让你的演讲保持常新，始终能紧紧抓住听众呢？这就需要牢记"新、深、精、活、近、特"的六字要诀。

＊推陈出新，立意要求新、求深

演讲者在为演讲主题立意时，应求新、求深，充分考虑并反映当今人们的思想观念，敏捷地追踪时代信息，提炼出新颖、深刻且具有时代性的主题。

新，指新颖的观点或看法。在提炼演讲主题时不要人云亦云，道听途说，要结合现实生活，体现时代特色。

深，指深刻的思想或内容。演讲者要善于从新的角度去认识事物，用别人意想不到的见解阐述自己的观点，力争"此言一出，满座皆惊"的艺术效果。

＊破旧立新，语言要求精、求活

一篇演讲，不但要有好的构思，还要有好的语言，所谓"情动于衷而形于外"、"辞不达而意不至"。好的演讲辞才能令演讲的含义表达得更清楚，更生动。

演讲是一种高级的口语表达艺术，我们提倡中学生在运用演讲语言时要破旧立新，张扬个性。所谓的"立新"、"个性"，就是要有自己的语言特色，不随人后。

语言要出新，就必须要求精、求活。"精"指精练、精彩、精到；"活"

指灵活、鲜活、活泼。

＊弃旧留新，选材要求近、求特

材料有新旧之分。材料越新，离听众的现实越近，容易引起听众的兴趣。演讲最忌重复别人已经讲过或听众已经熟悉的材料。要想让你的演讲新颖而富有吸引力，就必须在选材上坚持"求近、求特"的原则。

近，是指演讲在用事实论证时，要选取最近发生的事件、最近公布的数据，即最新鲜的论据。演讲是一种信息交流活动，因此，应尽量避免使用广为流传的材料。试想，谁愿意去听那些陈年旧调呢？

特，指自己特有的感受、思考。演讲要融入自身的真知灼见，要讲出别人想讲而讲不清的、有很大启发意义的道理。人云亦云，是难于折服听众的！

演讲能否出新，在很大程度上决定了你的演讲能否成功。希望同学们能深入领会这"新、深、精、活、近、特"的六字诀，使你的演讲充满新意，广受好评。

口才集训2
活用修辞，让演讲"活"起来

演讲是直接刺激人感官的表达艺术，所以要具备强烈的感情色彩，不仅要能说服人，而且要感染人。那么，如何让演讲更感人呢，那就是让内容充满抒情意味，让词句生动活泼。重要的是内容的抒情。一般来说，恰当地运用设问、比喻、排比等修辞方法，有助于帮助演讲者表情达意。一些同学在准备演讲稿时往往容易忽视这一点，导致自己的语言平淡无奇，晦涩沉闷。

古今中外的演讲家都十分重视演讲语言的修辞。为了使演讲语言更加形象生动，更富有艺术感召力和表现力，演讲者必须能纯熟地使用修辞手段。现在，向同学们介绍一些演讲中常用的修辞方法：

＊ 设问要发人深省

设问，就是演讲者用自问自答的形式来突出主要论点，以期引起听众注意。它的特点是"明知故问"，目的是为了强调语意。合理地在演讲中使用设问，能避免演讲呆板、僵化，使演讲具备一定的悬念色彩，加强演说者与听者之间的互动。

为了强化观点，还可以使用连续设问的方式，接连用两个或多个设问来激发听众的思考。

＊ 比喻要生动形象

比喻，也就是我们平常所说的"打比方"，即用一种事物或情境来描写另一种事物或情境的修辞方法，属于加强语言形象美的一种修辞方法。

一个新鲜、精彩的比喻，可以使抽象的概念形象化、深奥的道理浅显化、复杂的事物简单化，而且听来妙趣横生、耐人寻味。在演讲中运用精

妙的比喻，能生动、形象地说明事物，深深地吸引听众。

* 排比要富有气势

排比，是加强语言韵律美的一种方法，即用句法结构相同的词组、句子或段落，把两个或多个事物加以比较，借以突出他们的共同点和不同点。在演讲中使用排比，能够加强语势，而且令演讲朗朗上口、富有乐感。用排比来说理，可以使论述细致严谨；用它来叙事，可使事物集中完整；用它来抒情，可使感情激越奔放。演讲者使用排比句，可以进行气势恢弘的情感抒发。

口才集训3
用"问"与听众达成互动

一名优秀的演讲者，常常在演讲过程中有意识地用"问"的形式来引出话题，阐明自己的思想观点。这样做，能从现场气氛上、情感上与听众达成互动，使演讲现场呈现良好的氛围。

✻ 以"问"开场，让听众心动

演讲必须要有精彩的开头才能吸引听众。演讲者把精心设计的问题亮出来，以"问"开场，不但能给听众以干净利落的感觉，还可以激发听众的兴趣。某中学举办了"青年与祖国"演讲比赛，夺冠的张翔同学在演讲时是这样开场的：

"亲爱的同学们，我想问一个问题：谁能用一个字来概括青年和祖国的关系？"

他顿了顿，听众也被这一"问"吸引住了，纷纷抬起头来，期待着答案。张翔同学开始娓娓道来：

"这个字就是'根'！我们青年乃至更多的炎黄子孙有一个共同的姓，就是'中华'；有一个共同的名，就是'根'。'中华根'应该是中国青年最自豪、最光荣的名字！"

话音未落，全场掌声四起。

✻ 以"问"过渡，让听众回味

演讲时，演讲者不可能就一点内容不停地讲下去，内容需要围绕主题进行转换和变化，所以段与段、情节内容之间不可避免要进行过渡。而用"问"来过渡，既使语势的波澜起伏、情感的回旋激荡，又可以使演讲过渡自然，衔接紧密。

一个同学在"高考冲刺动员"的班会演讲中，在讲述了意大利著名歌唱家帕瓦罗蒂"只选一把椅子"的故事后，他是这样将故事过渡到主题上的：

"同学们，帕瓦罗蒂的成功说明了什么？

"说明了人生必须集中有限的精力，选一把适宜自己的椅子，坐在这个位置上全力以赴地去付出、去追求，生命才能绽放出光彩。就现阶段的我们而言，也应该像帕瓦罗蒂那样，剔除一切浮华喧嚣，集中精力，调动'火力'，攻打'高考'这个碉堡。"

这段演讲，演讲者先问后答，巧妙地将话题过渡到主题上来，看似不经意而为之，实则独具匠心。

※ 以"问"构筑高潮，让听众激动

在演讲中如果能利用惊涛拍岸般的提问将演讲推向高潮，会收到意想不到的艺术效果：

"萧伯纳说得好：'青春不是一支短短的蜡烛，而是一支由我们擎起的火炬，我们一定要把它燃烧得十分光明和灿烂，然后交给下一代的人们。'我们如何让自己手中的火炬燃烧得更旺呢？我们如何让自己的青春绽放出光彩呢？我们究竟该怎样做才能无愧于青春和生命呢？愿君深思……"

演讲者一连串激情的提问深深吸引了听众，令听众也随之激情洋溢，报以热烈的掌声，整个演讲也被提问推向了高潮。

※ 以"问"结尾，让听众深思

以"问"结束演讲，既能照应主题，也能加深听众的思考，是一种比较常见的结尾方式。

"亲爱的同学们，在我的演讲即将结束时，我要说，对不义行为的忍耐就是怯懦，甚至是变相的同流合污。面对损人损己的事情，亲爱的同学们，你还会敢怒而不敢言吗？你还会袖手旁观吗？你还要忍耐到何时？"

这是一位同学在全校"做文明中学生"演讲比赛中所用的演讲结束语。她用一连串的问话，表达了自己的愤慨和困惑，也叩响了听众的心扉。即使演讲已经结束，听众对这灵魂的叩问仍然回味无穷。

10 引人入胜的班级发言

活着或有用留下大贡献
他平凡亦有疑惑也要听他发言
字字是哲学任美丑像天地旨意

——李克勤《有为青年》

做个有特色的自我介绍

在每位同学的学习生活中，都可能遇到转学或加入新集体的情形。因为换了新环境，多了新面孔，同学之间都很陌生。为了增进彼此了解、沟通同学感情，自我介绍是必不可少的一环。不少同学都希望借由自我介绍，给同学、老师留下一个深刻、美好的印象，但却总是苦于不得法。

其实，自我介绍并不难。首先要开门见山，讲明自己的姓名、年龄等基本情况。如有必要，围绕自己的名字做点文章是一个不错的选择。譬如：

"大家好！我叫王靓，靓女的靓，今年 14 岁。听到这个名字，也许你会笑，因为我小鼻子小眼小身板，一点也不靓。唉，没办法，这个名字是爸爸给我起的，他说我生下来眼睛大大的、小脸粉嘟嘟的，特别可爱，于是就给我起了这个名字。今天看来，我是辜负了爸爸的美好愿望了。"

其次，还要讲述自己的生活经历，比如自己曾经就读的学校，现在的家庭住址等，最好能突出自己的个性特征，避免落入平庸化、脸谱化的窠臼：

"我来自青岛实验小学，现在家住龙湾花园。其实，我不是土生土长的青岛人，我出生在黄河岸边的豫西小城——三门峡，相传是大禹治水的地方。应该说，我是喝着黄河水一点点长大的……"

然后，讲讲自己的性格特点、兴趣爱好、弱点优点等。为了让内容充实，还可以讲一两个具体事例，或有趣的，或难忘的，或意义深刻的，只要典型就好：

"我性格文静，喜欢沉浸在自己的小天地里做各种美丽的梦，梦想长大后的自己是什么模样。我曾经梦想成为一个画家，希望自己能快点长大，用画笔描绘这五彩的世界，让周围的人全都惊诧不已。可有时候，又希望自己永远也别长大，做父母身边的小公主。

"有时我又特别豪情万丈。前几天，我和同学一起上街……

"这就是我，喜欢做梦，可又不想长大；心底藏着善良，血性里又有些冲动……"

最后，表明自己的心迹，向同学们表达出自己希望在将来的集体生活中能够与大家融洽交往、共同进步的良好愿望：

"各位同学，了解了我的性格爱好后，你们愿意和我交朋友吗？我真诚地希望，在这个班集体中，能与同学和睦相处。能和大家在同一班里学习，这是一种缘分，也是一种福气！

"谢谢大家！"

就这样，这位同学通过节奏舒缓、有较强抒情意味的自我介绍，将一个真实而立体的自己呈现在了同学的面前，给同学留下了深刻的第一印象，博得了大家的好感。

成长启迪！

做自我介绍时，所传递的信息应该尽可能完整，而且要简洁明了。比如在自报姓名时，应当一口报出，不可有姓无名，或有名无姓。

自我介绍应尽量体现出个性化，陈述人应使用生活化的口语来描摹自身的特点。讲述时态度宜谦和，且谦和之中充满自信；自我评价要客观，辩证之中彰显全面；表达感情要充沛，亲和力是感情的产物。介绍自己要言之有物，最好能在自我介绍中辅之以简短、典型的事例。语言要幽默风趣，适当的自贬和自嘲，能够赢得听众的好感。

此外，要注意把握好自我介绍的时间，不要太长，也不要太简短，一般以 3 分钟为宜。

智慧心语：

你应庆幸自己是世上独一无二的，应该把自己的禀赋发挥出来。

——卡耐基

自我推销要谦虚

现代社会竞争日趋激烈，善于自我推销，将自己的优势、亮点示人，容易赢得更多的成功机会。如今的中学生若具备自我推销意识和能力，会为将来的学习、事业打下良好的基础。不过同学们在进行自我推销时，要掌握好方法和分寸，否则会得不偿失。

刚升入高中的张建刚，被分到了高一（9）班。开学这一天，张建刚心想：一定要好好自我推销一番，给老师、新同学留下一个深刻的印象……

简单安排好班级事务后，班主任徐老师回到办公室做其他工作。张建刚就想抓住这个机会先入为主，好好表现一下。他追上徐老师说："老师，我叫张建刚，是××中学来的。您可能不知道我，但一说我爸的名字，您肯定会有如雷贯耳的感觉，他叫张××，是有名的大老板，您看我穿的耐克运动鞋就知道我的家境了。我打篮球很棒，这次班级里选体育委员的事情您可得照顾我一下！以后您要是有什么事情尽管开口，我打个电话，我爸爸立刻就会派人来帮忙！"

徐老师正忙着筹划班级事务，听他这么一说，心想，这孩子倒挺积极，但是思想怎么这么俗气。

她皱了皱眉说："谢谢你的好意，关于班委任职，我决定采取竞选的方式，到时候欢迎你积极参加竞选！你先回教室，熟悉一下新同学吧。"

张建刚回到了教室，新同学们正三五成群的在一起聊得火热呢。有人介绍自己以前是哪所学校的，有人谈自己的中考成绩，有人说暑期里的见闻……听到坐在自己前面的几个男同学正津津有味地谈论美国 NBA 篮球比赛，张建刚兴致大发，觉得这是表现自己特长的良机，便插嘴道："篮球？我最有资格谈！我不光喜欢看篮球比赛，而且还喜欢打篮球。以前在我们学校，我的篮球技术没有人能比，人家都说我是'小姚明'！目前，我还没遇到篮球打得比我棒的同学呢，你们以后可要……"

几个同学正谈得兴起，听他这么一说，都礼貌地停下来听他讲，但心

中都很不快，觉得张建刚把别人不放在眼里，太自大了。但是，大家碍于情面没有反驳他，而是转移了话题，讨论学习。张建刚成绩不好，怕谈学习暴露了自己的弱势，便悻悻地退出了他们的谈话。

第三天，班里筹备班干部竞选事宜，许多同学都在紧锣密鼓地准备着参与竞选。张建刚觉得这是个自我推销的绝佳机会，开始向身旁的几位同学自我推销："……要说当体育委员么，我觉得自己是最合适的人选，因为我身体素质特别好，而且篮球打得一级棒！以前，我在学校可是家喻户晓的篮球明星哪……"

他的话还没说完，同学们的脸色都变了，深感张建刚太不谦虚了。后来张建刚不但没有当上体育委员，还成了同学们口中的笑谈。大家都说，"张大款的儿子叫张大侃"。

成长启迪：

张建刚在向班主任老师进行自我推销时，俗不可耐，他那错位的价值观导致他给老师留下糟糕的第一印象。随后在教室里，张建刚炫耀自己的优点，把自己抬得无限高，无形中贬低了别人。这是一种不良的交际心态，不利于人与人之间的相处。

在自我推销时，强调一下自己的特长和优点，自赞一番也是很有必要的。但一定要把握好分寸，符合自身的实际情况。夸大其词容易流于自吹自擂。自吹自擂的人只会降低自己的诚信度，影响自身的吸引力。

智慧心语：

你的舌头就像一匹快马，它奔得太快，会把力气都奔完了。

——莎士比亚

营造好班级讨论会的氛围

学完教材里关于"讨论"的口语交际课程后,语文老师准备趁热打铁,在周末开展一次"好习惯伴我成长"讨论会,并安排学习委员秦晓主持讨论会。

接到老师布置的这个任务,秦晓心中犯难:虽然"口语交际"课程里有关于如何进行讨论的描述,但自己从没主持过类似活动,该怎样凭借自己的这张嘴驾驭全场呢?他心里没底,便向语文老师求教。语文老师在放学后,为秦晓开起了小灶——

秦晓:老师,要想主持好这次讨论会,我最需要注意的是哪些方面呢?

老师:对你而言,主持这次"好习惯伴我成长"讨论会,重要的是营造好讨论现场的氛围,引导每个同学都能充分发表自己的意见,并维护好会场秩序。现在,我就从语言表达的角度说一下我的意见。你作为主持人,在说完开场白,阐述清楚好习惯对于成长的重要意义之后,就可鼓励大家发言。这时候,由于大家比较紧张,现场的讨论气氛还没有酝酿好,可能出现没有人主动发言的尴尬局面,你可以适当点名。打开大家的"话匣子"。

秦晓:如果在讨论会进行过程中,我发现大家各执一词,使讨论陷入僵局,该怎么办呢?

老师:这时候,你需要选准一个切入点适当进行点拨,以开启大家的思路,让讨论会顺畅如初。你可以这样说,"看来,这个问题我们从正面解释会很难弄清楚,那么,如果我们将思路换一下,从另外的角度来思考,答案会是怎样的?谁愿意大胆地做一下尝试?"

在讨论过程中,有时还会出现离题现象。这时,作为主持人,你就要敏锐观察,及时收束话题,但要注意不能挫伤发言者的积极性,收束时要做到自然、热情、大方、得体。譬如这样说,"某某同学刚才说到的问题,确实应该解决,但我们现在可以把它放一放,因为我们今天的议题是'好习惯伴我成长',这是我们现在迫切需要解决的问题。"

秦晓：老师，如果讨论气氛过于浓烈，大家争相发言、争论不休时，我该用怎样的语言技巧来化解？

老师：幽默可以帮助你调节会场气氛。当你发现持不同意见的人争论过于激烈，双方大有失控之势时，主持人就可用幽默的语言及时为之降温，从而使辩论双方都趋于冷静。

另外，说到这里，还有一点需要提醒你注意：要想把握好会场气氛，你作为主持人一定要谦虚谨慎，能容百家之言，不能一个人说了算，要善于诱导、鼓励与会者踊跃发言，对不同的意见进行分析、讨论，果断地做出决定或结论。

成长启迪：

一些同学担任班干部工作得心应手，但是最怕组织一些会议活动。冷场、乱场、跑题的情况常让人头痛不已。其实在组织班级讨论会时，只要不紧张慌乱，心中有一套应对措施，开场时，如果没人响应讨论，可采用指名法调动现场气氛，使大家迅速投入到讨论的氛围中来。遇到冷场问题，可用点拨法帮大家开启新思路，继续话题。如果在讨论过程中大家跑题了也不用担心，使用收束法及时将问题拉回正轨。幽默法也是主持此类会议的不贰法宝。倘若现场混乱，一个小玩笑能婉转地使大家安静，而且完全不扰乱讨论气氛。

智慧心语：

凡与人议论，务要色和词畅，非临时可勉强，大抵养定者色自和，理定者词自畅，义理虽是，而诚意未著，亦未能动人。

——张岳

做一次成功的班团会致辞

班团会致词是在主题班会或团会活动中，由学生、团员代表就某一确定的主题发表的演讲。班团会致辞的目的多数是为了澄清是非、提高认识、开展教育，它有利于增进同学之间的了解，增进同学之间的友谊。此外，班团会致辞对于提高同学的思想觉悟，形成良好的校风、学风都能起到很好的作用。

在学校，班级经常要开展一些诸如主题班会、团员生活会之类的活动，要大家踊跃发言，阐明看法。某天，一所学校高一（2）班的班主任要求大家针对"同学之间如何相处"这一主题发表演说。

开始，班里的学生薛强为"讲些什么"而发愁，但当他看到黑板上写的"同学之间如何相处"的现场主题，很快就确立了一个演讲中心：人们需要友谊，友谊离不开理解。

中心一经确立，一系列的相关内容也就随之产生，如理解与友谊建立的关系，理解与矛盾化解的关系等。有了这些内容，一篇即兴发言的腹稿也就很快地在薛强的心中酝酿而成。

薛强是这样说的：

"亲爱的同学们：

"大家都知道，在家里我们要与父母、与兄弟姐妹相处，走上社会我们要与同事、与领导接触，在学校里呢？就要与同学、与老师交往，那我就谈谈同学之情。

"我们在一个大集体中生活，彼此的脾气秉性不同，难免会闹一些小别扭。同学间发生了摩擦，我们是有理不让？还是无理力争？为了一件小事，弄得彼此尴尬，甚至反目成仇，值得吗？

"争执的当事人应该冷静地想一想，假如换了自己站在对方的立场上，自己会是什么心情。带着宽容理解的心态看待这件事情，再找对方谈一谈，交流彼此对这件事情的看法，还有什么争执是解决不了的呢？更何况，我

们平时的冲突，都不过是为了芝麻大点儿的事吧？

"同学们，毋庸讳言，感情产生于理解的条件下。事实告诉我们，友谊在市场上买不到，要靠真情去换取，要以理解为前提。今天，处在同一个屋檐下的我们是为了一个共同的目标——丰富知识，学会做人，这才走到了一起。每一个人都有各自的优点和缺点，生活在这样一个集体中，大家可以互相包容，互相学习，真诚为人，一起进步。

"让我们登上理解的小舟，驾起信任的双桨，驶向那友谊的彼岸！我衷心地祝愿大家，在相处的过程中建立更加深厚的友谊。谢谢大家！"

一成长启迪！

要想做好一次成功的班团会致辞，要思路清楚，言之有序。分析问题选取的角度应力求新鲜，但切忌犯过于理想化的毛病，让人感觉不切实际，无法使人信服。

在发言时，尽量使用口语，并善于结合生活中的实际情况，以同学们熟悉的、感触较深的事例说明问题。最好能找到感人至深的事例，以情动人，通过调动听众的情绪来达到说服大家的目的。

此外，还可以摆出错误的观点，然后采用驳论的方式推翻这个观点，使当众讲话更出彩。

智慧心语：

修辞立其诚。

——《周易》

口才集训
活跃气氛的串联词

在校园生活中，各种晚会、联欢会、演讲、朗诵比赛等活动屡见不鲜。这些活动在丰富中学生生活的同时，也为锻炼学生的口语表达能力和临场发挥能力提供了平台。

学生在担纲主持上述活动时，需要用恰当的语言将节目、主题巧妙地串联起来，调动演员和观众的情绪，使现场气氛活跃。要想做到这些，主持人可以使用下面的方法活跃气氛：

✳ 激情朗诵法

朗诵多用于开场白或结束语。在联欢会上，朗诵既能向观众表明本次联欢的主题，又能烘托现场的气氛。在设计朗诵式的串联词时，要有文采，多用排比句和对偶句。

例如，某校学生为"走长征路，做长征人"歌咏会设计串词时，运用排比的手法回顾了人民军队诞生、成长、发展、壮大的历史，配合激情的朗诵，为她的主持增色不少："从嘉兴南湖的红色航船到八一南昌的辟地开天，从井冈山上的星星之火到雪山草地的深沉呼唤，从游击战争的艰难困苦到八年抗战的不熄烈焰，从战略决战的波澜壮阔到开国大典的建国宣言……"

✳ 层层剥笋法

为了引出下面的一个节目，主持人还可以采用剥笋法，把节目的主题先揭示出来。比如，某初一班级在开学时举办了一次"手牵手，走进中学门"联欢会，其中有个节目是《初为中学生》的相声，主持人是这样串词的："人之初，离不开良好家庭环境的熏陶；小学之初，离不开少先队的培育；今天，我们高兴地跨进了中学的大门，应如何迈好第一步呢？请听王雷和李悦表演的相声——《初为中学生》……"

这段层层递进式的串联词，使观众未欣赏节目之前，先领会了其主题。

✴ 承上启下法

一个节目表演完毕时，如果后一个节目的内容与前个节目有一定联系，可以采用承上启下的方式过渡。

例如，舞蹈《青春圆舞曲》之后是合唱《青春之歌》，就可以选择这样一段承上启下的台词：

"青春的旋律多悠扬，青春的舞曲多美妙。让我们在优美的旋律中挺起胸膛，谱写壮丽的诗篇；让我们在动感的舞曲里迈开大步，攀登成功的阶梯。朋友们，来吧，一起前进！下面，请听初一（4）班全体同学的大合唱——《青春之歌》。"

✴ 巧设悬念法

两位主持人上台后，其中一位主持人在某个问题上欲擒故纵，给观众造成悬念，然后，由另一位主持人道出下一个节目以揭开谜团。例如：

甲：哎，张苗，你喜欢读书吗？

乙：那当然了，我最喜爱读课外书了。

甲：那你都喜欢看什么样的书呢？

乙：那可多了，有安徒生童话故事、古代神话故事，还有科幻小说……

甲：哎，说到读书，可真让人伤心啊！

乙：怎么回事？读书还有伤心事？

甲：你想知道答案吗，那就请欣赏姚宁生和徐进表演的小品《都是读书惹的祸》。

这段串联词，先由主持人谈读书引出话头，给观众设置了悬念，吸引观众看下面的小品。

除了这四种方法，写串联词的方式还很多，如引用名句、讲述故事、借题发挥等。但不管采用什么形式，都要注意承上启下，突出晚会（活动）主题，并调动观众情绪。要选用简短的句子、大众化的语言，使听众感到亲切生动，切不可用高深莫测的警句和过于华丽的辞藻。衔接要巧妙自然，不能牵强附会，生拉硬拽。

11 巧言化解思辨难题

拿出勇气来面对将来
你要一步一步不贪快
用力的把难题去解开
奉献出对生命的热爱
笑容就随阳光绽开

——石小倩《献出一份爱》

直言说理是最有力的反击

1933 年，德国纳粹党策划焚烧了柏林国会大厦，借以陷害德国共产党和其他进步力量。

事件发生后，希特勒政府一口咬定这是共产党发动武装起义的信号。于是，希特勒大肆逮捕共产党员和进步人士，其中包括在柏林的国际工人运动活动家季米特洛夫，并在莱比锡组织了历时三个月的公开审讯。而季米特洛夫在法庭上以无可辩驳的事实驳倒了形形色色的伪证，揭穿了"国会纵火案"的实质。

在法庭上，季米特洛夫的辩词十分精彩："卢贝（在现场纵火被捕的纵火犯卢贝）是什么东西？一个共产党员？绝对不是！一个无政府主义者？不是！是一个不齿于本阶级的人，一个为非作歹的流氓无产者。他是一个被滥用的畜生，人们利用他来反对工人阶级……世界上没有一个共产党员或者无政府主义者，在法庭上的作为会像卢贝那个样子。真正的无政府主义者常常做些无聊的事，但是，当他们被拖到法庭时，他们终究会勇敢地站起来，说明他们的目的。倘若一个共产党员做了这样的事，明知四个无辜者与他在被告席上并肩而立，他不会默默无言的。卢贝不是共产党员，他不是无政府主义者，他是法西斯滥用的工具。"

由于季米特洛夫的论辩有力，论证严谨，说理透彻，直接揭穿了"国会纵火案"的实质和法西斯的阴谋，法庭不得不对他宣布无罪释放。

说话要可柔可刚，我们既要学会婉转讲话，也要敢于直言说理。

晚自习上，班长被班主任叫去办公室谈话，"活宝"杨立群高兴了，马上开始恶作剧，一会揪女生的头发，一会隔着几排课桌和人玩笑。许多认真学习的同学被吵的无法安心学习，正在演算几何题的张静说："杨立群，你安静下吧，你在扰乱同学们学习呢！"杨立群面露不悦，流里流气地说："哟，是谁这么大声跟我说话呀？你以为你是谁呀？"

张静微微一笑："我不是班长也不是班干部，但别人影响了我学习我

就有权利提出抗议！" "是呀，别人影响了我，我就有权利提出抗议！"
其他受干扰的同学也附和着。

杨立群无言以对，灰溜溜地坐下了。教室里又恢复了安静。

成长启迪：

直言相向的讲话技巧刚猛有力，能将对方打得落花流
水。很多时候，真相是最有说服力的，真相无须包装，很
多时候，把朴实的语言和简单的事实丢到对手面前，就是
对对手最有力的反击。

委婉地讲话是语言的艺术，但是，人们过于注重讲话
的委婉，往往会忘却了直言相对的魅力。坦率直接的语言
能直指问题症结，在尽量短的时间内亮明真像，防止不必
要的纠结。

智慧心语：

在谈话中应声附和是一种全然令人生厌的品性。

——蒙田

善意的威吓胜过暴力的恐吓

苏朋性格外向，活泼好动。最近，苏朋的一些言行引起了部分同学的不满：一开始，有许多女生反应，苏朋总爱钻到女生堆里招惹女生；后来，又有人向老师汇报，他上课时老是盯着漂亮女生看，看得别人异常反感……

一天中午，鲍龙看见苏朋故意招惹正在看书的辛琪时，实在看不惯苏朋的行为。鲍龙走上前气愤地说："喂，你怎么像个色狼似的整天招惹女生？"苏朋先是愣了一下，然后冰冷地回问他："你在说谁？"

"当然是在说你！你老是欺负女生，你是不是想挨揍？"

苏朋闻言顿时火冒三丈，顺手抄起椅子就往鲍龙身上砸去，鲍龙也拿起一把椅子迎击。就这样，二人在班内发生了一场"血战"：苏朋的头被砸破了，鲍龙的手臂缝了三针。

苏朋骚扰女同学自然有不对的地方，鲍龙看不惯他的不良行为上前劝阻本也无可厚非。他们之间之所以引发"血战"，还是由于鲍龙的言语表达有诸多不当之处。

在人际交往中，每个人都会遇到相异于自己的人，人与人不同之处，大至思想观念、为人处事之道，小至对某人、某事的看法或评论。这些程度不同的差异都会外化成人与人之间的分歧或摩擦。

不过即使对方的言行让你气愤，你在给他指出错误时也不要忘了给对方以尊重。

或许，当你看不惯一些同学的言行时会"怒从胸中起"，但注意不要对对方说气话。气话让人思维混乱、口不择言，到头来说出了你并不想说或并不该说的话。如此一来，对方品出你的言语间不和谐的气息，就会与你产生争执。

其次，更不可以说威胁别人的话，更容易引起对方的误解，中学时期正是自尊心萌动、血气方刚的年龄，你的威胁之语可能会一下子激起对方维护尊严的斗争欲。可以说，用暴力味较浓的话去促使对方改正，不但于

事无补，反而会将事态弄得更糟。

成长启迪！

相对于"我要教训你"这样锋芒毕露的狠话而言，"同学们知道后会看不起你"，"请老师来主持公道"这样绵里藏针的话更具有心理威慑力。

表达你对某些人做法的强烈不满时，既要让他意识到后果的严重，也要让他从心底接受你的批评。同样是促使对方警醒并停止不良行为，善意威吓的话就比"狠话"有效得多。

智慧心语：

没有什么人比那些不能容忍别人错误的人更经常犯错误的。
——拉罗什富科

拒绝不忘给别人留面子

钱钟书先生的小说写得极好，引得无数"粉丝"竞折腰。不光中国人喜欢他的小说，外国人也对他的才华倾慕不已。

有位美国女士很喜欢钱钟书先生的作品，尤其是《围城》。一次，这位女士有机会到中国来，专门打电话给钱钟书先生，说自己很想拜见他。

钱钟书先生一向淡泊名利，不慕虚荣。他在电话中婉拒道："假如你吃了一个鸡蛋觉得不错的话，又何必一定要见那个下蛋的母鸡呢！"那位女士听了哈哈大笑。

钱钟书先生就这样委婉拒绝了美国女士的请求，而且还维护了那位女士的自尊。拒绝是一种艺术，能够领略这种艺术的人，在人际交往中常能做到游刃有余。

在一次记者招待会上，美国记者问基辛格："我们有多少潜艇在配置分导式多弹头？有多少民兵在配置分导式多弹头？"

这是一个很难回答的问题，基辛格如果说"不知道"，便等于撒谎；如果说"无可奉告"之类的外交辞令，又会落入俗套，还有可能激起记者们更尖锐、棘手的追问；如果他实话实说，则必然泄露国家机密。

基辛格微微一笑，却显得非常从容，他说："我们有多少潜艇我知道；有多少民兵在配置分导式多弹头，我也知道。但是，我不知道这是不是保密的？"

记者们一听，高兴极了，立刻喊道："不是保密的，不是保密的！"基辛格笑着反问道："不是保密的吗？那你告诉我是多少？"基辛格这一问，变被动为主动，记者们谁都不好再问下去了。

成长启迪！

在人际交往中，别人提出了不合理的要求，拒绝对方在所难免。怎么拒绝才可以把产生的不愉快减至最低限度，得到对方的谅解？怎么拒绝才能够传达出一个人的语言修养和气度？

善于拒绝者，既能使自己掌握主动，又能给对方留足"面子"，使交际双方都免受尴尬。学会拒绝，能够帮助大家把因拒绝而造成的不快控制在最小范围之内，因此，平时学一些拒绝技巧是十分必要的。

在拒绝别人之前，可以明确表示你很希望满足对方的邀请或请求，这样做，至少可以使对方在心理上得到满足，为你接下来的拒绝埋下伏笔。

在拒绝的同时，力求得到对方的谅解。拒绝者要持诚恳的态度，说出自己不能满足对方要求的理由。当对方提出的要求令你不便于直接拒绝时，你可以借助合理的解释诱使对方自我否定，从而自动使对方放弃原来的要求。

此外，在拒绝别人时尽量使用柔和的语调，借助一个非个人的原因来表达你的拒绝，才不会让对方产生误解。

智慧心语：

学会说"不"吧！那你的生活将会美好得多。

——卓别林

寓庄于谐，应对歧视

有一天，大文豪苏东坡上街散步，路过一家客栈，见里面有几个秀才在高声诵诗。苏东坡本是爱热闹的人，也想进去以诗会友。不料，他被坐在门口做针钱活的老板娘拦住："你要干什么？"

东坡说："我要去作诗。"

老板娘看他穿着一身破衣服，上面还带几个补丁，翻了一个白眼，说："就凭你？里面都是秀才、老爷在作诗，准备进京赶考呢，你凑什么热闹？快走！"

苏东坡笑了："你要不信我会作诗，可以出个题目考考我啊。"

老板娘说："好，你就以我补衣服的针为题作诗，能作出来，我绝不拦你。"

苏东坡哈哈大笑："这也太简单了！"他随口吟道："三分白铁打磨成，一拱一拱向前行。眼睛长在屁股上，只认衣衫不认人！"

老板娘对他的急才深感佩服，但仔细琢磨，才发现苏东坡是在讽刺自己，于是羞得满脸通红。

面对别人的歧视，苏东坡不着急，不辩驳，以幽默的言辞相对，寓庄于谐。西方诗人但丁也有着类似的经历。

那不勒斯国王洛伯邀请但丁到宫中做客。但丁抵达那不勒斯后，没换衣服就随使者去朝见洛伯王。这时，正值洛伯王大宴群臣，在座的全是锦衣绣服的王公大臣。侍者见但丁衣服破旧，便招呼他在一个角落坐下。但丁吃完饭后便起身走了。

宴会结束后，洛伯王才想起冷落了但丁，连忙派人去将但丁追回来，然后另设盛宴款待他。

这次，但丁换上了一件崭新的锦袍。在宴会上，但丁一再将自己吃剩的食物掉在身上，还用袍袖拭嘴，又将美酒洒在锦袍上。陪坐的群臣看到但丁如此形象，都抿嘴而笑。洛伯王实在忍不住了，便问但丁："你为何

如此糟蹋自己的锦袍，莫非是在表达对我的不满？"

但丁回答说："陛下，我不是在糟蹋这件锦袍，我是因为先前穿了破衣裳来，被人瞧不起，现在换了锦袍，却受到盛宴招待。可见，受重视的是这件衣服，因此，我应该也让它尝尝陛下所赐佳肴美酒的滋味。"洛伯王闻言惭愧不已。

成长启迪！

在辩论中，用诙谐幽默的话语说出庄严肃穆的事情或道理，可使紧张的气氛变得轻松，令严肃的场面变得活泼，有利于争辩双方情感的沟通。

苏东坡一肚子诗文，却因为穿得破烂被人质疑，他以"眼睛长在屁股上，只认衣衫不认人"这句话，巧妙而辛辣地讽刺了以貌取人者。

但丁对势力之徒的歧视和无礼感到非常气愤，但他并没有当庭发作。在洛伯王重新宴请他时，他故意将酒菜撒向自己的衣服，借机说出一番诙谐却蕴涵深意的话来，表明尊重一个人应该从心开始，而不能以貌取人。

智慧心语：

不要想到什么就说什么，凡事必须三思而行。

——莎士比亚

举重若轻，化解紧张场面

林黛是香港电影史上著名的国语片女演员。二十世纪六十年代，林黛在香港快速走红，四次荣膺亚洲影展最佳女主角。随着巨大的荣誉而来的是巨大的压力，令林黛越发感到精神疲劳。作为"星妈"的蒋秀华，也深感被压力与危机所包围。

在邵氏（邵逸夫）旗下效力的林黛连得了三届亚太影后以后，邵逸夫对她十分尊重，生怕她跳槽到别的电影公司。一次，邵逸夫宴请各界名流，林黛母女自然也到席。

邵逸夫自知酒力不佳，凡遇敬酒都回避。他走到林黛母女身旁，蒋秀华忙向他敬酒。可是邵逸夫未"接招"。蒋秀华面带怒气又带醉意，跟跟跄跄走到邵逸夫跟前，猛地一杯酒泼了邵逸夫一脸，在场的人顿时吓得不敢出声。林黛则大惊失色，忙起立向邵逸夫赔罪。

邵逸夫只是顿了顿，面上没有丝毫怒色，他"哈哈"大笑起来，边拍西装上的酒水边说："来人啦。蒋女士喝醉了，快扶她去休息。"邵逸夫一句话打破了尴尬，也为林黛挽回了面子。此事发生后，林黛更对邵逸夫死心塌地，效力效忠，再未想过跳槽或走人。

遭遇尴尬的局面不可避免，一旦遇上了也不要惊慌。一个洒脱的笑容，或者一个幽默的解释，都能化尴尬于无形，使怒火烟消云散。

新中国成立后，周总理设宴招待东欧国家驻华使节。宴席上，客人对中国的美味佳肴赞不绝口。宴会快结束时，服务员送上一道极为考究的汤。汤里的冬笋片是按照民族图案刻的，但笋片在汤里一翻身，恰巧变成了法西斯的标志——"卐"。见此情景，曾深受法西斯之害的客人们立刻变了脸色，有位女士错愕地问："为什么这道汤里有法西斯标志，贵国是何用意？"原本欢乐祥和的场面瞬时陷入僵局。

周总理闻言，泰然自若地向外宾们解释道："这不是法西斯的标志。这是我们中国的一种传统图案。"他借题发挥，风趣地继续说道："在我们

中国，这个符号念'万'，象征'福寿绵长'，是对客人的良好祝愿……就算是法西斯标志也没有关系嘛！我们大家现在就团结起来，拿起手中的'武器'（餐具）一起来消灭法西斯，把它吃掉！"周总理边说边伸手做了个"请"的手势。

话音未落，宾主哈哈大笑，气氛由冷转热，场面更加热烈，这道汤也被客人们喝得精光。

成长启迪！

如果邵逸夫没有"哈哈"一笑把事情遮掩过去，而是跟林黛的母亲发火，很有可能会导致林黛离开公司；如果周总理没有用一个玩笑讲述"纳粹标志"的来龙去脉，安抚众人的情绪，很可能导致一次外交纠纷。

在剑拔弩张、火药味十足的尴尬场面，不要用犀利的语言争得几分道理，由于当事人的情绪都很激动，讲"道理"、找"面子"往往会火上浇油，为争辩双方酿成更大的冲突。一笑置之，大事化小，才是妥帖的处理方式。

智慧心语：

天地之道，刚柔互用，不可偏废，太柔则靡，太刚则折。

——曾国藩

用幽默解除困境

在人际交往中，往往会遭遇对方有意或无意的触犯，把己方置于尴尬境地的情况。这时，如果缺乏应变能力，在感到自尊心受到损害的情况下失去心理平衡，就有可能做出偏颇的言行，使自己所处的境地更糟糕。此时，若以引人发笑的方式表情达意，调侃逗乐，就能借此摆脱尴尬境地、折服对手。

美国内战时期，第16任总统林肯到前线去视察联邦军队的防线，副官霍尔姆斯上尉陪同他巡视。为了解阵地情况，林肯爬到战壕上仔细观察敌军阵地，这时，敌军发现了林肯，向他射来一梭子弹。霍尔姆斯眼疾手快，赶忙将总统扑倒，并顺势滚入战壕。

霍尔姆斯气急败坏，向对待手下的士兵一样，冲惊魂甫定的林肯大声骂道："不想要命了吗，你这个蠢猪！"

上尉自知失言而冒犯了总统，突然间感到不安起来。众多士兵面面相觑，一时间场面尴尬而紧张。林肯爬起来，拍拍身上的土，冲他笑道："霍尔姆斯上尉，你不仅救了我，而且还能够像对一个普通公民讲话一样对待我，使我感到十分欣慰，非常感谢！"

霍尔姆斯上尉以及在场的士兵听了总统的话如释重负，打心眼里更加敬佩总统了。

身为总统，在众目睽睽之下被一个上尉责骂，自然是十分难堪的事情。面对下属如此不恭，林肯并没有怒发冲冠、风度尽失，而是站在对方的立场上，以轻松、引人发笑的话语分析了霍尔姆斯刚才的言行，感激他"像对一个普通公民讲话一样对待我"。林肯的言辞既表达了对霍尔姆斯的感激和谅解，也为双方摆脱掉了尴尬的困境，令人敬佩。美国的另一位总统里根也善于用笑语缓解尴尬。

1984年，73岁的里根竞选连任总统时，他的年龄成了竞选的话题。他是美国历史上年纪最大的总统候选人，而他的对手蒙代尔却比他年轻得

多。在这方面，蒙代尔显然占着优势。

里根在与蒙代尔进行电视辩论的时候，蒙代尔首先发难："我们美国历来有崇尚年富力强的传统，关于这一点，我相信里根先生是很清楚的。"

里根笑着说："你说的是对的。我年龄是大了，但我不希望把年龄问题当成竞选的话题。而且我也决不会利用对方年纪太轻、经验不足作为把柄来攻击对方的。"

面对竞争对手的攻击，里根没有以牙还牙，破口对骂，而是根据自己的长处和对手的短处，采取了以退为进的策略，先承认对方"说的对"，然后以表态的方式暗示对方"年纪太轻、经验不足"，谈笑间就轻松化解了对手的凌厉攻势。

老子说："天下之至柔，驰骋天下之至坚。"在人际交往过程中，如果双方言谈间硬碰硬，火药味十足，很有可能导致一些不愉快、不礼貌的事情发生。这时，不妨采用以柔克刚的谈话技巧，控制好自己的情绪，用温和柔韧的语言去化解或避开对方强硬刚劲的进攻，从而取得自身的胜利。

成长启迪：

智慧心语：

我开玩笑的方法，就是编造真实。编造真实乃是这个世界最有情趣的玩笑。

——萧伯纳

顾左右而言他，终止无趣谈话

1797 年，年轻的拿破仑在战场上打败意大利军队，迅速成了社交场合炙手可热的人物。

在巴黎社交界，众多贵妇青睐这位个子不高却年轻有为的青年。拿破仑对此并不热衷，甚至还有些厌恶，可是总有一些人对他纠缠不休。

斯达尔夫人是当时著名的才女、文学家。几个月中，她一直在给拿破仑写信，想结识这位风云人物。在一次舞会上，斯达尔夫人头上缠着宽大的包头布，手上拿着桂枝，穿过人群迎着拿破仑走来。拿破仑躲避不及，只好笑脸相迎。

斯达尔夫人把一束桂枝送给拿破仑，拿破仑说道："应该把桂枝留给宙斯。"

然而，斯达尔夫人认为这只是一句俏皮语，并不感到尴尬。她继续有话没话地与拿破仑纠缠，拿破仑出于礼貌，也不好生硬地中断谈话。

"将军，您最喜欢的女人是谁呢？"

"是我的妻子。"

"这太简单了，您最器重的女人是谁呢？"

"是最会料理家务的女人。"

"这我想到了！那么，您认为谁是女中豪杰呢？"

"是孩子生得最多的女人，夫人。"

他们这样一问一答，愈谈愈没趣。斯达尔夫人感到局促不安，也不想再自讨没趣，只得作罢。

成长启迪！

在社交场合中，不可避免地会遇到不想应酬的人，这种人不去应付，会损害自己的人际关系；若是投入地与之交谈，又会劳心费力。这时，可以使用"顾左右而言他"的方法进行应付。

面对对方的提问，不要认真回答，也不要置之不理。随意应酬，但是不涉及正题。这样做，很快就会让对方觉得没意思，自动放弃谈话。

智慧心语：

话不像话最好不说，话不投机最好沉默。

——萨迪

挑选示好的时机

卓越和孙景辉是一对谈得来的朋友。可是就在前几天，两人因为一件小事闹了别扭,谁也不理谁。两人表面上装作无所谓,心里却都是满腔愧悔,希望能尽快与对方和解。尤其是卓越,自知是自己不对,更急迫地向孙景辉表达和解愿望。机会终于来了——

星期一,上英语课时,英语老师发现黑板上还有上节课留下的代数讲解题,便拿起黑板擦自己擦起来,以示不满。按照班级内规定,黑板由五个值日小组轮流擦,要保证老师开始上课时黑板是干净的。如果值日的人没有做到就要被扣量化管理分。而今天正轮到孙景辉值日。

下课后,英语老师强调了一句:"希望下次我上课时,黑板是干净的!"然后走出了教室。

全班的目光都落到了孙景辉的身上。孙景辉羞愧难当,小声嘟囔着:"看我干什么?"

卓越觉得这是个表达和解的机会,便笑嘻嘻地走过去对孙景辉说:"上次我不也忘了擦黑板,被老师批评了吗,正常现象!走,出去玩。"

谁知孙景辉的脸更红了,他一脸敌意地说:"呵呵,什么忘了,我是故意不擦的!"然后气得转过身去。卓越一下愣住了,在众目睽睽之下感到很尴尬。没想到,热脸贴上了冷屁股,自己和解的愿望不但没有实现,反而将两人之间的关系弄得更僵。

朋友、同学之间难免会出现摩擦，多数情况下，双方都会有种懊悔感，希望能和解。

主动寻找机会示好，表达和解愿望，是豁达、坦诚的表现。但若时机选择不当，难免事与愿违，吃对方的"闭门羹"。主动示好，最好不要选择对方生气的时刻。此时对方的情绪波动较大，心理具有逆反性，开口言和者很有可能受到对方迁怒。

另外可以选择对方也有和解想法的时候说。在与朋友争吵后，当事人往往会对自己的行为进行反省，一种求和的愿望也会油然而生，甚至会主动发出试探性的和解信号。争辩双方要善于捕捉对方发出的求和信号，不要视而不见，否则使对方产生误会，甚至对你产生敌意。

智慧心语：

一个成大事的人，不能处处计较别人，消耗自己的时间去和人家争论。无谓的争论，对自己的性情不但有所损害，而且会失去自己的自制力。

——林肯

做个最棒的调停人

一日，在上午的课间时分，金玮锋因上课偷看课外书，被班主任叫进了办公室。受到老师批评后，金玮锋一脸不快地回到了教室。

这时金玮锋发现女同学丁莎正坐在自己的座位上饶有兴致地翻看着自己那本《武则天》。他气不打一处来，一把扯过丁莎手中的书，然后面无表情地示意她赶快离开。

丁莎吓了一跳。她仍坚持坐在金玮锋的座位上，说："不就是坐在你的位子上看几眼书吗，干吗那么冲？"

金玮锋闻言，气不打一处来，挖苦道："你以为自己是女皇，想坐哪儿就坐哪儿？起来吧！想'垂帘听政，群臣朝拜'，别在我的位子上！"

丁莎一听这话气坏了，她跳起来说："金玮锋！你说话请放尊重点！"

金玮锋也不甘示弱，怒目相向："丁莎，你赶快让开，要不然，别怪我不客气！"

两人针锋相对，互不相让，战火越烧越旺，以至于丁莎全然不顾"淑女形象"，竟然抓住了金玮锋的衣领，一场恶斗一触即发。

就在这时，团支书黄韵雅从外面走进来，她跑过来喊道："快住手！要是让老师看见了，你们俩就倒霉了！"俩人闻言果真住手。

黄韵雅把丁莎的手从金玮锋的衣领上拽下来，笑着说："你俩演的是哪出戏啊？不知道'男女授受不亲'？"

"他不说人话！"丁莎盛怒难消，说着，泪水簌簌落下。

"呸！恶人先告状！"金玮锋也很生气。

这时，几个男生把金玮锋劝住，几位女同学也走过来把丁莎拉回座位上，一边哄她，一边帮她擦眼泪。

黄韵雅调查了事件的来龙去脉，对金玮锋说："玮锋，我知道你被老师批评了，心里不高兴。丁莎没经你的允许就看你的书是不对，可是你总不能把火发到别人身上啊。我觉得你在制止她的时候说话太严厉，伤了女

孩子的自尊。你是男子汉嘛，就应该大度一些。"金玮锋听了她这样说，有些不好意思。

黄韵雅来到丁莎面前，安抚了后者一番，说："今天你也有不对的地方，一是随便看了玮锋的东西，二是先动手要打人。没想到你这个'小绵羊'这么厉害呢！"丁莎显然也意识到了自己的错误，羞涩地笑了。

在黄韵雅的劝和下，金玮锋主动拿来了《武则天》向丁莎表示和好，丁莎也向金玮锋道了歉。一场战火就此平息了。

成长启迪：

俗话说："汤勺总会碰锅沿。"同学在一起相处，难免有发生争吵甚至升级为动武的情况。一旦看到他人之间出现了摩擦，不可隔岸观火，应该给争辩双方以适当的安抚。

需要注意的是，要先平息，再安抚。当争辩双方闹得不可开交时，谁也没有心思听你的宽心话，等大家都冷静下来，你再安抚也不迟。

进行劝说之前，要先对事情有较为全面的了解，才能把劝说的话说到点子上。如果表面了解情况，一味劝人放宽心，是达不到让争辩双方和解的目的的。

此外，在劝说时要客观公正，不可偏袒某一方，否则会火上浇油，使争辩双方矛盾更深。

智慧心语：

息事宁人的谎言，胜过搬弄是非的真话。

——萨迪

扯远话题，应对提问

在一次小型的联欢会上，观众席上有一位女子问赵本山："听说你在全国笑星中出场费是最高的，一场要一万多元，是吗？"

这个问题让人左右为难：如果赵本山做出肯定性的回答，那会为自己招来更多的麻烦；即使确有其事，他也不好做出否定的回答，但他又不能回避这个令人尴尬的问题。于是，赵本山毫不犹豫地采用了扯远话题的方法。

赵本山说："你的问题提得很突然，请问你是哪个单位的？"

"我是大连一个电器经销公司的。"那位女子说。

"你们经营什么产品？"赵本山问。

"有录像机、电视机……"女子答道。

"一台录像机卖多少钱？"

"4000元。"

"如果有人出400元，你卖吗？"

"那当然不能卖，一种商品的价格是由它的价值决定的。"女子非常干脆地回答道。

"那就对了，演员的价值是由观众决定的。"

在一些场合下，别人提的有些问题较为敏感，但是又不便拒绝回答，就可以委婉以对。在外交场合中，这种答话方式最为常见。

在一次记者招待会上，西方记者向陈毅提问："中国最近打下了U—2高空侦察机，请问用的是什么武器？是导弹吗？"

陈毅没有说"无可奉告"，而是举起右手在空中做了个动作说："我们是用竹竿把它捅下来的呀！"

周总理也遇到过类似的问题。总理到西方访问时，一个记者问："中国有几个厕所？"这个问题挑衅性极强，又无法提供确切数据给予回答。但总理却从容答道："有两个，一男一女。"

在日常生活中，我们时常会遇到一些令我们尴尬的提问。这些问题不好回答，却又不得不回答。生硬地说"无可奉告"，会影响人际关系，还会被人认为是傲慢无礼。

此时，回答问题时远兜远转、扯远话题，是个不错的选择。这样既能应付对方的提问，又能不触及自己的底线，使自己免于尴尬，可以说，是两全其美的做法。

智慧心语：

在甜言蜜语中间，假话听起来像真话，真话实际上就是假话。

——莱辛

口才集训/
妙语应对人身攻击

人与人的交往丰富复杂，既会遇到别人的热情赞美，也会遇到他人的冰冷讽刺，没有谁能时时刻刻面对别人温情的笑脸。总会有一些人出于种种目的对你进行讥讽、挖苦，甚至对你进行人身攻击。出现这种情况，就需要机智应对，巧妙回击。让我们看看那些语言大师是如何应对这些情况的：

* 绵里藏针，弦外出音

德国诗人海涅是个犹太人，在当时排斥犹太人的社会里，他常常会遭到别人无礼的攻击。

在一次晚会上，一个旅行家对他说："我发现，塔希提岛上既没有犹太人，也没有驴子。"把驴子和犹太人相提并论，显然是想侮辱海涅。

海涅不动声色地说："要是我们一起到塔希提岛去，就完全可以弥补这个缺陷了。"

这位旅行家可谓"骂人不带脏字"，他针对海涅的犹太人血统进行攻击，将"犹太人海涅"和"驴子"相提并论。如果海涅从正面进行辩驳，对方肯定会进行诡辩，更加口不择言。海涅的反击十分巧妙，他先表示同意，而且"不动声色"，似乎容忍旅行家对自己的污蔑。然后，以一句"要是我们一起到塔希提岛去，就完全可以弥补这个缺陷了"反驳对方，言外之意是："我是犹太人，你是驴子。"

海涅的回答让对方"搬起石头砸了自己的脚"。

* 顺水推舟，反戈一击

俄国寓言作家克雷洛夫生得较黑，偏偏又喜欢穿黑色衣服，熟识的朋

友常常善意地调侃他为"黑木炭"。

一天，他在街上遇到两个穿得五颜六色、说话毫无礼貌的纨绔子弟。其中一个人见到皮肤黝黑的克雷洛夫就面露鄙夷，故意大声地向他的同伴调侃道："哦，快看呀，前面飘来了一朵乌云！"克雷洛夫应声说道："怪不得青蛙高兴得叫了！"

每当乌云密布、大雨欲来时，池塘里的青蛙总是叫得最快，这是生活常识。纨绔子弟抓住克雷洛夫"皮肤黝黑"的特点，嘲笑他为"乌云"。克雷洛夫则顺水推舟，抓住"大雨欲来时青蛙叫得欢快"这一自然现象反戈一击，将大惊小怪的公子哥儿比作呱呱乱叫的"青蛙"，让人捧腹。

✻ 以子之矛，攻子之盾

一次，马克·吐温应邀赴宴，当他见到一位初次相识的贵妇人时，礼貌地问候道："夫人，您太美丽了！"

不料那妇人却说："先生，可是遗憾得很，我不能用同样的话回答你。"

头脑灵敏、言辞犀利的马克·吐温依旧彬彬有礼地笑着说："那没关系，你也可以像我一样说假话。"

应邀赴宴的马克·吐温出于礼节，对相见的贵妇人进行夸赞。不想，这位贵妇人却素养低下，对长相平平的马克·吐温进行恶意讥讽："我不能用同样的话回答你。"言外之意是："与我相比，你的长相太让人不敢恭维了。"马克·吐温善意问候，却换来对方的恶意嘲讽，着实让人难堪。但马克·吐温迅速"以子之矛，攻子之盾"，抓住对方的话柄反击："那没关系，你也可以像我一样说假话。"言外之意即："你不必自我感觉良好，我刚才恭维你'太美丽了'，只不过是句假话而已。"这句话就好比向那位缺少涵养的贵妇人泼了一盆凉水。

✻ 反唇相讥，委婉含蓄

英国作家萧伯纳的身体很瘦。有一次，他去参加一场小型聚会，一个脑满肠肥、大腹便便的资本家看到他这副消瘦的身形，嘲讽道："啊，萧伯纳先生，一见到您，我就知道世界上现在正闹饥荒哩！"

萧伯纳立刻彬彬有礼地回答："是的，先生，一见到您，就知道世界上闹饥荒的原因了。"

素质低下的资本家讥笑萧伯纳身形消瘦，就像遇到荒年的难民一样。面对这样的讽刺挖苦，萧伯纳不失风度地反唇相讥，用一句"一见到您，就知道世界上正在闹饥荒的原因了"，委婉含蓄地揭露了资本家靠剥削民众起家的"吸血鬼"本质，绝妙至极。

口才集训2 反客为主的辩论技法

反客为主的意思是客人反过来成为主人，或指由被动变为主动。唐代杜牧注《孙子兵法》中载："我为主，敌为客，则绝其粮道，守其归路；若我为客，敌为主，则攻其君主。"在辩论赛中，身处被动是赛场上常见的劣势，也往往是败北的先兆。在辩论中，若己方处于被动状态，就要千方百计地变被动为主动，变防守为进攻，反客为主，让对手防不胜防，欲辩无辞。本文结合几则实际辩例，向同学们介绍几种反客为主的技巧：

✳ 借箭反击

在辩论中，面对对方展开的攻势，己方可以从对方的论据中寻找有利于己方的观点进行反击。就好比将对方射过来的箭捉在手中，然后再射回对方身上，这样往往会让对方无从反击。

在一场"知难行易还是知易行难"的辩论中，有这样一个回合：

反方：每个人都知道"杀人者偿命"的道理，可见"知"是如此的容易。那么，为什么还是有那么多人要去杀人呢？这就表明"行难"啊！

正方：对啊！那些人正是因为上了刑场、死到临头了才知道法律的威力、法律的尊严——可谓"知难"哪！

同一句话、同一个例子，双方却得出了截然不同的认识。在反方以"杀人者知道'杀人偿命'的道理却明知故犯"为论据，证明自己所持有的"知易行难"的论点以后，正方队员机智地就地取材，借助反方的论据进行反驳，提出"杀人者在面对法律的严厉制裁时才恍然惊醒，恰恰说明了'知难行易'"的道理。就这样，正方轻而易举地转化了反方的观点，稳住了自己的阵脚，扭转了被动局势，达到了反客为主的效果。

✳ 釜底抽薪

将锅底的柴火抽出，那么锅里的水就会停止沸腾，达到从根本上解决

问题的目的。这种方法也可以运用到辩论中。在辩论中，对方提出与己方相反的论点，对方要使其论点成立，就必然提出相应的论据加以论证。因此，己方只要将对方的论据驳倒，对方的论点自然也就站不住脚了，己方就能够实现反客为主的目的。

某校学生就"武将也需要文才"这一论题展开辩论，其中有这么一段对攻：

反方：我方认为，武将没有文才也是可以的，因为武将的职能是舞枪弄棒、指挥打仗，而不是舞文弄墨、吟诗作赋。我们平时不是提倡"扬长避短"吗？而要武将学文恰恰是"避长扬短"呀！

正方：在知识的海洋里，每一门学科、每一种知识或技能都不是孤立的。武才和文才也是这样。武才靠文才来总结、交流、提高。一位高级指挥员曾经列举了武将学文的种种益处：一是可以把练兵、打仗的实践经验归纳为理论，便于学术交流和学习借鉴；二是能够培养深入、严谨、细致的作风，避免粗枝大叶；三是在学文过程中加强思想修养，有助于养成勤于思考的习惯；四是丰富业余生活，使文武互为补充，工作有张有弛。这确是经验之谈。

针对反方过于片面且有失偏颇的论点——"武将不需要文才，否则就是避长扬短"，正方同学在反驳时采用了釜底抽薪的辩论技法，指出武才和文才是一种相辅相成、互为补充的依存关系，然后以一位高级指挥员的感触作为己方论据，凸显出文才对于武将在业务技能及生活情操方面的重要意义，从而使反方的论点成为无根之木、无水之源，达到反客为主，驳倒对方的目的。

☀ 出奇制胜

在辩论中，如果正面反驳达不到到目的，我们就可寻反例、找特例战胜对手。

某校曾举行过一场关于"女性与男性相比谁更需要关怀"的辩论赛。正方为了论证汉字所反映出来的男尊女卑现象，这样举例说：

汉字中带有"女"字旁的几乎都表示贬义，比如，有两个字表示结婚的概念：一个是"娶"字，另一个是"嫁"字。男人结婚是"娶媳妇"，

女人结婚是"嫁男人"。这个"娶"字表示的是一种主动性,"嫁"字表示的是一种被动性。可见女性的地位之低。

反方:也不尽然。我们也发现了汉语中的"好"字和"妙"字,它们所表示的都是褒义。那么请问,"妙"字和"好"字是不是都是"女"字旁呢?由此可见,带有"女"字旁的汉字有贬义也有褒义,并不能证明女性的社会地位比男性低……

在这个回合的论战中,正方同学借对"娶"和"嫁"两个会意字的剖析来强调自己的论点,说明女性社会地位自古以来就比男性低。但正方犯了"攻其一点,不计其余"的错误,将话说得过于绝对,从而暴露出了己方立论的破绽。对此,反方同学没有就上述两字进行死缠烂打,而是出奇制胜,寻找出了"好"和"妙"两个带有褒义性质的字反驳正方,从而驳倒了正方的论点,维护了己方的观点。

✱ 移花接木

把一种枝条嫁接在另一种树木上以后,重新开的花、结的果就完全是另外一种颜色、另外一种味道,这就是移花接木。此法用于辩论中,是指在对方观点的基础上,进行适当的修正,剔除其中存在缺陷的部分,加进对我方观点有利的材料,变不利为有利。

在一场关于"治贫比治愚哪个更重要"的辩论中,正方同学有这样一段论述:

"对方辩友以迫切性来衡量重要性,那我倒要告诉您,我现在肚子饿得很,十万火急地需要食物来充饥,但我还是要辩下去,因为我意识到辩论比充饥更重要。"话音一落,掌声四起。

这时,反方从容辩道:"对方辩友,我认为'有饭不吃'和'无饭可吃'是两码事。"反方的答辩激起了更热烈的掌声。

在这里,正方以"有饭不吃"来论证贫困不足以畏惧,以及治愚的相对重要性;反方立即从己方所持有的"治贫比治愚更重要"观点中,归纳出"贫穷指的是无饭可吃,而有饭不吃并不是贫穷"的要旨,鲜明地比较出两者本质上的天差地别,有效地遏制了正方偷换概念的倾向。

12 读名人故事，学名人口才

同样擂台
进行不同的精彩
不同口才
表演着同一句对白

——沙宝亮《无人地带》

烛之武说退秦师

秦、晋两国围攻郑国，起因是郑文公曾对晋文公无礼，而且郑国从属晋国的同时又从属楚国。当时，晋军驻扎函陵，秦军驻扎汜水之南。

郑国大臣佚之狐向郑文公说："国家危险了，假如派烛之武去见秦国君主，秦国军队一定会撤退。"郑文公听了佚之狐的意见。决定派出烛之武。烛之武推辞说："臣在壮年的时候，尚且不如别人，现在老了，不能干什么了。"郑文公说："我没有及早重用您，现在危急时才来求您，这是我的过错。不过，郑国灭亡了，对您也不利啊！"烛之武闻言，只好答应了这件事。

当夜，士兵把烛之武用绳子系好，从城墙上坠下去。烛之武见到秦穆公，说："秦、晋两国围攻郑国，郑国已经预感到要灭亡了！不过，如果您灭了郑国，对您真的有好处么？试想，越过晋国而把远地郑国当做秦国边邑，您知道这是很困难的。哪能用灭郑来加强邻国呢？邻国的国力雄厚了，您的国力就相当削弱了。如果不灭郑国，使它成为您东方道路上的朋友，贵国使臣来往经过，郑国供应他们的食宿，这对您也没有坏处。再说您帮助晋国打郑国，他答应给您焦、瑕两城，但他早晨刚刚渡河回国，晚上就在焦、瑕两地筑城防御，这是您所知道的。那个晋国，哪里有满足的时候？它既以郑国作为东边的疆界，又想要扩张自己西边的疆界，如果不损害秦国，它到哪里去夺取西方的土地呢？可见，灭了郑国只会损害秦国而有利于晋国，希望您还是考虑这件事。"秦穆公听了之后深感烛之武说得有理，与郑国订立盟约，委派杞子、逢孙、杨孙戍守郑国，自己则撤军了。

晋国大夫子犯请求晋文公袭击秦军。晋文公说："不可以。假如没有秦穆公，我不会到这个地步。依靠别人的力量而又反过来损害他，是不仁义的；失去自己的同盟者，是不明智的；用散乱取代整编，是不勇武的。我们还是回去吧。"晋军也就只好撤离郑国。

秦晋联军围郑国多日，郑国城内亏空，危如悬卵。主动权其实完全掌握在秦穆公手中，这一点敌我双方心知肚明。但是意在救亡图存的烛之武，在谈判始终却没有半句卑躬屈膝或摇尾乞怜的话，也没有故弄玄虚地吹嘘自己的城池是如何固若金汤、补给是如何充盈，而是开门见山地坦言"郑既知亡矣"。烛之武这样说，其实是故意向秦穆公卖关子。

烛之武知道秦、晋围郑，完全是因为秦国与晋国有同盟关系；同时，他也敏锐地发现这种"同盟"的背后却隐藏着不可告人的"异心"，即秦穆公出兵的真正目的是想借此扩张自己的势力。烛之武就是利用这一点，让秦伯知道亡郑只能对晋有利，而对秦国有害无利的时候，秦穆公就会反过来帮助郑国。

烛之武紧紧抓住秦穆公的心理，委婉地向后者点明"秦晋毕竟是两国"这一事实，并晓之以害，使秦穆公的心由此动摇，听从了自己的说辞。

智慧心语：

闻小人言语，如嚼糖霜，爽美之后，寒冰凝胸。

——金缨

苏秦妙辞辩忠信

苏秦是战国时期一位有名的纵横家，他在各国游说，取得了很大的成就。苏秦在辅佐燕昭王时，前往齐国游说，为燕国从齐国要回十座城池。可是，当他返回燕国时，却受到冷遇，没有一个人去迎接他。原来，一些人向昭王进了谗言，说苏秦是个反复无常的人，他此前一直待在齐国，准会被齐王收买。所以，苏秦回燕国之前，已被燕昭王罢了官。

苏秦自然不服，找到了昭王说："微臣本是乡下小民，未立功时，您热情待我，恩赏有加；今日我向齐国要回了十座城，您却罢了我的官职。这一定是有小人向您讲了我的坏话，说小臣是不忠不信的人啊！不过，说实话，小臣也确实有点不忠。"

昭王一听，很是吃惊，忙问道："此话怎讲？"

苏秦回答说："大王知道，曾参以孝顺闻名，尾生以忠信著称，伯夷以忠于亡君而受人称赞。若让这三人来辅助大王，大王认为如何呢？"

昭王笑了笑说："有他们三人，足以治理好国家了！"

苏秦说："那可不见得呀！要是您的臣子都像他们，就不会有人来辅佐您了。曾参为了尽孝，日夜不离父母，哪能背井离乡来燕国？伯夷为了忠于灭亡的商朝，宁肯饿死在首阳山，哪能替您出使齐国？尾生讲信用，跟一个姑娘约会，姑娘没有来，大水先到，他宁肯抱着柱子淹死，也不躲避，他哪里能替您到齐国去办事情？他们看中的是个人的名声，很难为国家出力！"

接着，苏秦感慨地说："小臣还有老母亲在故乡，我来投奔你，就没有受那些所谓的忠信的束缚，在我看来，这才是对您最大的忠，哪里想到，这反而得罪了大王？"

燕昭王摇了摇头说："哪会有因为忠信反倒得罪人的事呢！"

苏秦说："从前有个邻居，男人出远门谋生，女人有了外遇，当男人回来后女人准备了毒酒。男人走进屋子里，女人让女仆给他倒酒。女仆知

道酒里有毒，若让主人喝了，等于杀了主人。可是，倘若她揭发实情，又怕被赶走，于是就心生一计，假装不小心摔了一跤，把酒全洒了。男主人大怒，责打了女仆。大王您想，女仆本是好意，她这一摔，既保了主人，又保了主母，如此忠信，但结果如何呢？不是反倒挨责打么？怎么能说忠诚信实就不能获罪呢？不幸的是，我的罪过跟这女仆的遭遇相类似啊！"

燕昭王听完后，频频点头，忙道歉说："是我听谗言的过错啊！"说罢，马上下令恢复苏秦的官职。

苏秦用的是以退为进、欲扬先抑的辩论招法。他的辩论既有层次性，又有说服力。针对昭王的心理，他用了一记"险招"：先承认自己不够忠信，以稳住对方，使昭王能坐下来倾听自己的谈话。接着，苏秦举曾参等三人为例进行分析，说明自己讲的是大忠信。最后，苏秦又追加了一个女仆的例子，说明讲忠信不一定能得到理解，彰显了自身的冤屈，揭示了昭王的"糊涂"。

苏秦层层申诉，迫使昭王心服口服，承认了自身的错误做法，收回了之前罢免苏秦的决定。

智慧心语：

诐辞知其所蔽，淫辞知其所陷，邪辞知其所离，遁辞知其所穷。

——孟轲

王若飞舌战法官

1931年10月，王若飞同志在归绥（今呼和浩特）被国民党逮捕。他在绥远省伪高等法院受审时，进行了不屈不挠的法庭抗辩。在法庭上，他宣传共产党的主张，揭露、驳斥敌人对他的诬蔑，把法庭当成了战场。

开庭时，一个姓靳的法官劈头就问王若飞："你参加共产党后，有什么犯罪活动？"

王若飞轻蔑地望向靳法官，问道："你身为法官，可懂得法律？"

"我是问你犯罪的事实。"靳法官重复道。

王若飞逼问靳法官："我先问你，什么叫犯罪？"

"犯罪，就是你触犯了《危害民国紧急治罪法》。"靳法官说。

"什么民国？是骑在人民头上作威作福的一批强盗！所谓'紧急治罪法'，无非是保护帝国主义、大地主、大资产阶级的法律！试问，制定这种法律的时候，有哪一个工人、哪一个农民、哪一个其他劳动者参加过？你们执行这种法律，只能说明你们是帝国主义、买办阶级、封建势力的工具，是他们忠顺的奴仆而已！"

王若飞义正词严的答辩，驳得靳法官面红耳赤，后者半天说不出话来。

靳法官只好强词夺理地说："我不管你这些歪理，反正你有罪！"

"我有什么罪？我犯的是反对你们祸国殃民的罪行的'罪'！是反对你们投敌卖国的罪行的'罪'！是反对你们专制独裁、剥削人民、欺压人民、贪赃枉法的罪行的'罪'！如果你们真是英雄好汉，如果你们还有一丝一毫的天理良心，咱们就到大庭广众中去，让群众评一评理，是共产党犯罪，还是你们犯了十恶不赦的滔天大罪！"

在接下来的庭审中，王若飞毫不放松，步步为营。

靳法官："你这样目无法纪，我们不能让你到街上去煽动、蛊惑群众！"

王若飞："原来你们的法律是见不得人的！"

靳法官："不许你这样说，这里不是和你开辩论会。我问你，你究竟

干了哪些破坏活动？"

王若飞："必须先弄清楚谁在犯罪，才能弄清什么是破坏活动。"

靳法官："这里是审讯，不是讲空话、唱高调。"

王若飞："我们共产党人从来都是看重事实的。我讲的话，句句都有凭有据，是全国人民众所周知的事实。回避事实、抹杀事实的正是你们！"

王若飞一席话再次驳得伪法官张口结舌，令其期期艾艾地讲不下去。王若飞望着敌人的丑态，以胜利者的姿态哈哈大笑。

成长启迪：

王若飞步步为营，从对方的话语中挖掘出对己方有利的话语，多次抢占了论战的"制高点"。

他面对敌人的审讯，以极具雄辩力的语言与对方展开了唇枪舌剑，揭露了伪法官们的"奴才本色"，昭示了无产阶级革命真理，让人们看到了一个共产党员的革命气节和风度。

智慧心语：

严厉的话像烧红的铁，深深地打下烙印。

——罗曼·罗兰

周总理妙应外国记者

一次，周总理在接见外国记者时，有位美国记者抛出"一个国家向外扩张，是由于该国的人口过多"的观点，言外之意是说中国人口众多，会为世界的和平稳定造成某种威胁。

周总理彬彬有礼地反驳道："我不同意你这种看法。第一次世界大战前，英国人口只有4500万，不算太多吧？但是英国在一个很长的时期内曾经是'日不落'的殖民帝国；美国的面积略小于中国，而美国的人口不及中国的 1/5，但美国的海外驻军却达150万。中国人口虽多，却没有一兵一卒驻在外国领土上，更没有在外国建立军事基地。可见，一个国家是否向外扩张，并不取决于它的人口多少，而取决于它的社会制度。"提问的那位美国记者赧然无语。

周总理在外交场合，除了会用事实说话，还会使用顺水推舟的谈话技巧。

一位美国记者在采访周总理的过程中，无意中看到总理桌子上有一支美国产的派克钢笔。那位记者显得十分得意，以带有几分讥讽的口吻问道："请问总理阁下，你们堂堂中国人，为什么还要用我们美国产的钢笔呢？"

周总理听后，不卑不亢地说："谈起这支钢笔，说来话长。这是一位朝鲜朋友的抗美战利品，作为礼物赠送给我的。我无功受禄，就拒收。朝鲜朋友说，留下做个纪念吧。我觉得有意义，就留下了这支贵国的钢笔。"美国记者一听，顿时哑口无言。

在辩论中，数据这类论据拥有强大的说服力，西方有句俗语："数字是不会撒谎的。"巧妙地引用数据来阐述观点，能充实辩者的论证内容，使辩者的辩论更加具有可信度和说服力，更加具体和生动。同时，辩者还能够取得以简胜繁、以少胜多的辩论效果，从而取得辩论的胜利。

面对记者看似冠冕堂皇，实属无稽之谈的论调，周总理举出数字实例充分说明了领土扩张跟人口的多寡并无根本联系，然后一针见血地指出一个国家向外扩张与否，"取决于它的社会制度"。

而另一位记者的本意是想挖苦中国贫穷落后，连好一点的钢笔都不能生产。面对记者的嘲讽，总理没有对钢笔的产地矢口否认，或是另作辩解，而是顺水推舟，从钢笔的来历上做文章，言外之意是："贵国虽然强大，但还不照样吃了败仗？没有什么可以骄傲的！"周总理顺水推舟的回答非常巧妙，使这位记者有苦难言。

智慧心语：

辞多类非而是，多类是而非。是非之经，不可不分。

——《吕氏春秋》

熊向辉辩赢蒙哥马利

蒙哥马利，英国陆军元帅，第二次世界大战中盟军杰出的指挥官之一。第二次世界大战期间，他曾经指挥盟军进攻诺曼底，取得了诺曼底登陆作战的胜利，他的名字令对手闻风丧胆。

1960年5月，蒙哥马利到中国访问。一天晚上，有关方面安排他观看豫剧《穆桂英挂帅》。中间休息时，蒙哥马利就离开剧场回到了宾馆。他对中国陪同人员熊向辉说："这出戏不好，怎么让女人做元帅！"

熊向辉谦恭地说道："这出戏是中国的民间传奇，群众很爱看。"

蒙哥马利一脸不悦，说："爱看女人当元帅的男人不是真正的男人，爱看女人当元帅的女人不是真正的女人！"

熊向辉耐心向他解释道："中国红军就有女战士，现在解放军里也有不少女将军。"

蒙哥马利闻言仍是一脸的不高兴，他说："我对红军、解放军一向很钦佩，但不知道里面还有女将军，这有损贵国军队的声誉。"

熊向辉立即回应道："英国女王也是女的，按照贵国的体制，女王是英国国家元首和全国武装部队总司令。"

蒙哥马利一怔，不吭声了。

作为曾经在战场上出生入死的铁血将军，蒙哥马利在观看中国传统戏剧时，对"女人当元帅"这种事情持有比较强烈的抵触心理，也暴露出了他"轻视女性"的思想。所以，熊向辉与蒙哥马利的辩论基本上是围绕着"女性的地位"来进行的。

当蒙哥马利武断地判定"爱看女人当元帅的男人不是真正的男人，爱看女人当元帅的女人不是真正的女人"时，熊向辉举出一个颇具说服力的实例，使得自己的辩驳更有力——中国红军中就有女战士，现在解放军里也有不少女将军。不料，这反倒让蒙哥马利心里更加不舒服了，他从骨子里就认定女性是没有能力的，更不适合在军队中担当将军，也没资格跟他这样的"铁血将军"相提并论。蒙哥马利觉得军队里出现女将军有损国家军队的声誉。

蒙哥马利的言辞十分刻薄，一种自傲自大、轻视女性的心理溢于言表。熊向辉紧紧抓住这一点进行反诘："英国女王也是女的，按照贵国的体制，女王是英国国家元首和全国武装部队总司令。"熊向辉的话让蒙哥马利哑口无言，令后者那份目空一切的傲气也荡然无存。

智慧心语：

善辩的天赋是一种把智者思考的思想说出来的才能。

——哈代

231

但丁的讽喻法

但丁出生于意大利佛罗伦萨一个贵族家庭。他从小好学求知，因而后来具有渊博的学识。但丁在 35 岁时而遭遇教皇流放，最后死于异乡。他是意大利最有名望的诗人与学者，是欧洲由中世纪过渡到近代资本主义时期的文学巨匠、意大利文艺复兴的先驱。

但丁不但才华出众，而且思维敏捷，善于言辞。有一次，佛罗伦萨的王子加奈邀请但丁饮宴，想趁机捉弄一下他。在进餐时，加奈让人将吃剩下的肉骨头悄悄地抛掷在但丁的脚下。用餐完后，加奈命人撤去台布，其他人的脚旁皆空无一物，唯独但丁的脚旁堆了一大堆肉骨头。大家都嘲笑但丁："看来你挺喜欢骨头的呀，你说这证明了什么呢？"

面对这种让人难堪的情形，但丁不动声色地说道："各位不必惊异，你们看，我跟前的骨头那么多，而你们跟前的骨头却被吃得一干二净。这恰好证明了我不是狗，不喜欢骨头，而狗是喜欢吃骨头的，馋狗还可能连骨头渣也不愿意剩下呢。"但丁的回答让捉弄他的人欲辩无词。

除了在受到捉弄时针锋相对地回击，但丁受到不公正待遇时，还会使用讽喻表达自己的观点。

但丁出席威尼斯执政官举行的宴会。席间，但丁发现端给意大利各城邦使节的是肥大的煎鱼，而侍者端给自己的却是很小的鱼。这种公然歧视使但丁深为不满。他用手把盘中的小鱼逐条拿起来，靠近耳朵，然后一一放回盘中。

执政官见状，好奇地问他这种莫名其妙的动作是何用意。但丁答道："几年前，我的一位挚友在海上旅行时不幸去世，举行了海葬。从那以后，我一直不知道他的遗体是否已经安然归入海底。因此，我就逐个问这些小鱼儿，也许它们多少知道一些情况。"

执政官忙问："它们对你说了些什么呢？"

但丁不紧不慢地回答说："它们对我说，它们都很幼小，对过去的事

情知道得很少。不过，如果我向同桌的大鱼们打听一下，肯定会了解到我想要知道的事情。"

执政官听罢，放声大笑，随即让人给但丁端上一条最大的煎鱼。

成长启迪：

　　生活无处无地不存在着辩论，而辩才无时无刻地不在发挥着他的威力。学会辩论，掌握辩论技巧，会让你在各种社交场合中游刃有余，无往不胜。

　　在适宜直接发表看法的场合，可针锋相对地对论敌进行强有力的反攻，使对手无从躲闪。狭路相逢勇者胜，发言者要充满自信，从气势上压倒对手，将对手的心理防线彻底击垮。

　　不适宜过于直接发表看法的场合，可以使用讽喻法说出自己的想法。因为这种做法婉转含蓄，不至于引起听者的反感。

智慧心语：

　　凡听言，要先知言者人品，又要知言者意向，又要知言者识见，又要知言者气质，则听不爽矣。

——吕坤

赫胥黎力驳大主教

1859 年,随着达尔文《物种起源》的出版,进化论开始在社会上传播,并且对英国教会的权威形成了挑战。

为了防止进化论占据思想阵地,1860 年 6 月底,英国教会召开了一次会议,对达尔文的进化论发动了猛烈的抨击。拥护进化论的学者们也不甘示弱,而站在保卫达尔文学说最前列的是 35 岁的年轻教授赫胥黎。

大主教威尔勃福斯在当时被认为是最聪明、最有辩才的主教。会议快结束时,他撇开了科学的论据,施展了浅薄的人身攻击。他说:"赫胥黎教授就坐在我旁边,他是想等我一坐下就把我撕成碎片,因为照他的信仰,人是由猿猴变的嘛!不过,我倒要问问,您这个猴子猴孙的资格,到底是从祖母那里得来的,还是从祖父那里得来的呢?"

听罢大主教的挑衅,赫胥黎冷静沉着地站了起来。他坚定地宣称:达尔文学说是对自然史现象的一个解释,达尔文的书充满着大量可以证明生物进化的事实,没有别的学说比达尔文的解释更合理的了。

最后,为了科学的尊严,他对威尔勃福斯的人身攻击做了必要的回击:"我断言——我重复地断言,要说我起源于弯腰走路和智力不发达的可怜动物,我并不觉得羞耻;要说我起源于那些自称很有才华、社会地位很高,却胡乱干涉自己所茫然无知的事情,并任意抹杀真理的人,那才真正的可耻!"

赫胥黎的这几句话,像一颗炸弹震动了全场。拥护达尔文学说的大学生对他报以雷鸣般的掌声。而威尔勃福斯大主教则哑口无言,狼狈不堪。

成长启迪：

大主教威尔勃福斯为了维护英国教会所谓的权威地位，枉顾事实，把达尔文的进化论批驳得一无是处，这也恰恰说明了他的无知。而他大骂赫胥黎是猴子猴孙，粗暴地对赫胥黎进行人身攻击，更摆明了他的个人素养低下。

赫胥黎不失风度，见招拆招，他借箭反击，说自己并不以自己是从猿猴进化而来而感到羞耻，反而对自己起源于像大主教这样"胡乱干涉自己所茫然无知的事情，并任意抹杀真理的人"而感到可耻。此语既出，既驳倒了教会的"上帝造人说"，又反骂大主教连猴子都不如，让人拍案叫绝。

智慧心语：

动怒的人张开他的嘴，却闭上眼睛。

——卡拓

杜罗夫智语驳斥他人的羞辱

俄罗斯著名马戏丑角杜罗夫在演出的幕间休息时，一个傲慢的观众走到他面前讥讽地问道："丑角先生，你每次演出，观众对您的表演想必非常满意吧？"

"还好。"

"作为马戏班中的丑角，是不是必须生来有一张愚蠢而又丑怪的脸蛋，才能受到观众的欢迎呢？"这名观众继续不怀好意地问道。

"确实如此，"杜罗夫面色平静地回答，"如果我能生出一张像先生您这样的脸蛋，我准能拿到双薪！"

这位观众闻言赧然，灰溜溜地走开了。

成长启迪！

　　这位观众的问话无礼而尖刻，讽刺杜罗夫长相丑陋且愚蠢，骂人不带脏字。

　　但杜罗夫不愧是语言素养深厚、临场应变能力极强的演员。面对如此带有挑衅、挖苦意味的羞辱，他没有失态、失言，而是平静地接过了对方的话，先肯定对方的话语，然后说："如果我能生出一张像先生您这样的脸蛋，我准能拿到双薪！"他延续了对方一语双关的手法，以其人之道还治其人之身，让对方自讨没趣。

智慧心语：

　　或诤言似信，不可谓有诚；激盗似忠，不可谓无私；此类是而非是也。

——嵇康

口才集训1
朗读，强化你的"嘴上功夫"

林肯高超的口才是世界公认的。为了训练口才，他有自己的一套"朗读训练法"，而且长年坚持。

据说，他准备了两本拜伦的诗集，一本放在家里，一本放在办公室。他一有空就拿出来咏诵，压低声音读得津津有味，非常陶醉。他朗读方式多种多样，有时激情洋溢地快速诵读，如急流飞瀑一泻无余；有时潜心揣摩诗歌细腻的情致，语速很慢，但饱含激情。他还喜欢读剧本，揣摩不同角色的语气语调。他能背诵莎士比亚的戏剧《哈姆雷特》、《李尔王》中大段的独白，并能背诵惠特曼的长诗。夜里醒来睡不着，他就随手把诗集翻开来读。读见佳句还会兴奋地跳下床，穿着睡衣边走边朗读，把秘书都吵醒了……甚至参加妹妹的婚礼时，他也用充满激情地表演诗朗诵，表示祝贺。

长期的诵读，丰富了林肯的词汇，帮助他形成良好的语感，对他声情并茂的演说风格形成产生很大的影响。

朗读对培养口才是一种有力的促进。朗读文学作品，不仅能强化"嘴上功夫"。久而久之，还会使文学作品优美的语言迁移到你的口语表达之中。因此，同学们可以找一些思想性强、艺术性高的散文来做朗读练习。

训练时，有以下几点需要注意：

✳ 注意揣摩，进入角色

只有通过对朗诵作品进行一番仔细的揣摩和体味，朗读时才能够做到感情真切，语调自然。要把自己想象成是作品中的角色，让角色的生命在自己身上复活。

"内明于心"方可"外达于人"。要达到这种效果，要对作品的创作背景、作者的创作意图及作品的字句结构和艺术手法等方面做一番认真的研

238

究，然后再用抑扬顿挫的声音充分表达出自己的思想感情。在朗读的时候，根据文章的思想内容来决定朗读速度的快慢和声音的高低。

＊ 展开联想，进入情境

朗读时要自己进入角色还不够，还要进入作者创作时的情境。在朗读作品时，要调动自己的"内视觉"，语出于口时通过想象，"看到"作品所描绘的画面。比如，当你朗诵到"峰峦叠翠的黄山盘踞在云雾之间"时，脑海中也要相应地浮现出这样的画面。

＊ 确定基调，把握内蕴

基调是指作品的整体风格和情调，是声与情的和谐统一，反映了作品特定的"主旋律"。领会了作品的内蕴，会加深学生对语言文字的理解。比如，在朗读《春天来了》这篇文章时，要先理解文章所传递的扑面而来的春天气息，读出作者蕴藏在文字间的欣喜心情，感到自己也投入到春天的怀抱。这样，朗读者就能准确地确定好朗读的基调，情感得到激发，对感情、声音、节奏的处理才会比较到位。

基调并非固定不变的"调式"，基调的把握重在朗读者内在感情的自然消涨。同一篇作品中不同的内容调式可以有深浅强弱的表现，其间，随内容转换甚至可以出现"变调"。因此，我们既不能用"贴标签"的简单方式处理一篇作品的朗读基调，也不能只顾局部，忽略整体基调，任自己情之所至，导致朗读文章时有大起大落之感。

口才集训2
口语表达中的心理素质训练

一个人心理素质的好坏，在一定程度上决定了他的口才能否在需要的时候得到应有的显现。很难想象，一个说话时极度紧张的人，能够口若悬河、滔滔不绝又条理清晰地表达自己的思想。因此，同学们在进行口语表达训练时，同样也需要加强心理素质的训练。可以按如下方法进行心理素质训练：

＊ 话题训练

指出五人上台，抽题后稍加准备当场讲述。题目应有助于肯定自我形象，提高自尊与自信。要求主题明确、思路清晰、语言流畅、词汇丰富。讲完后，由其余同学评论五人的表现，最后由五人谈谈怎样稳定发言时的心理。

【训练内容】

1. 我的特长
2. 我最得意的一件事
3. 我的学习生活
4. 一个愉快的假日
5. 我的妈妈

＊ 自我暗示训练

在团体活动中与大家交流沟通，也是训练口才的好途径。这种方式可以在不知不觉中增强学生的语言能力。自我暗示，即把自己要达到的目标用强烈语气不断念出，传递给自己信息，让自己的潜意识无法分辨真假，因此相信目标会实现。这样做的主要目的是通过积极的自我暗示，消除胆怯、紧张等心理障碍。

【训练内容】

1. 闭上眼睛，深呼吸数次，心中暗暗说："我已经把话讲清楚了，我会表现得比别的同学好。"

2. 目光向前平视并自我暗示："只要我不慌，紧张一定就会消除。""说话语速慢一些，语调坚决一点。"

3. 默念10遍以下句子进行自我暗示："我一定要最大胆地发言，我一定要最大声地说话，我一定要最流畅地与大家沟通。我一定行！今天一定是幸福快乐的一天！"

＊ 目光接触训练

很多人在大庭广众之下讲话深感紧张，目光无处可放，所以要么呆呆地望着某处，要么低头以躲避听众的目光。我们在交流时，不要去探究别人目光的含义，只管用自己的目光去同大家交流，并尽量使自己的目光体现出友好的意思。如果仍然紧张，可以用虚视或扫视的办法。

【训练内容】

1. 模拟情境训练。对着镜子，看着自己的眼睛边想边做：现在，我应该用柔和、信任的目光去与听众交流，感谢他们倾听我的发言；现在，我

应该用平和、乞求的目光去征询听众的意见；现在，我应用火热、亲切的目光与听众交流，表达感情上的共鸣。

2.说话训练。在一个正式场合，从容地发表讲话。告诉自己："战胜胆怯、战胜自己才能成功"或"我的怯场心理正在发生变化"。

✻ 应急反应训练

在日常进行口语交际时，常常会出现一些突发情况，如听众中突然爆发出哄堂大笑，令你记不起之前说什么；有人突然提问，不断向说话者发起"进攻"等。如果你的心理素质不好，很可能会无所适从，语无伦次。

因此，进行应急反应训练，也是口语表达中心理素质训练的重要组成部分。这时，讲话者重要的是冷静，能及时对突发事件作出迅速有效的反应，要表情自然，举止适度，言语得当。

✻ 角色心理适应训练

可以通过角色扮演，尝试在模拟的情境中进行"自我推销"。

【训练内容】

1. 由四位学生扮演考官，一名学生扮演大学毕业生。

2. 四位考官性格各异。甲考官性格温和，问话亲切，富有启发性；乙考官性格内向，问话言简意赅，表情严肃；丙考官感情外露，问话中有鲜明的情绪倾向；丁考官思维富有独创性，问话多是逼问式。

3. 毕业生应以稳健的谈话风格、质朴的语言、饱满的精神状态，向考官介绍自己的学识、才干、品行和事业心。

4. 根据课堂练习，增强一些对话和细节，最后，由学生观众评出最佳扮演者。

口若悬河　天花乱坠
侃侃而谈　针锋相对　掷地有声

金口才　记事本

对何人	
在何地	
说何话	
成何事	

金口才  记事本

口若悬河　天花乱坠
侃侃而谈　针锋相对　掷地有声

对何人	
在何地	
说何话	
成何事	

口若悬河　天花乱坠
侃侃而谈　针锋相对　掷地有声

金口才  记事本

对何人	
在何地	
说何话	
成何事